처음 법을 공부하는법학도 와

예비 로스쿨 학생 을 위한

# 미디어를 통해서 배우는
# 법학 기초

## 손형섭·이우석·심재무·박은경·강석점

박영사

21세기 4차 산업혁명을 맞이하여 급변하는 사회에서 우리는 다양한 법률문제에 직면합니다. 사람들은 법적 문제가 발생하면 그때 비로소 법의 힘을 깨우치거나 이따금 법의 모순을 느끼기도 합니다. 이것은 사람들이 생활 속에서 법에 대한 이해가 부족했거나 법의 원칙에 따르지 않는 생활 양태에 익숙했기 때문이기도 합니다. 우리 사회에서 이러한 문제가 발생하지 않기 위해서는 법에 대한 지식이 필요하고 법에 부합한 생활이 삶에 익숙해야 되는데, 이를 위해서 법학에 대한 기초적인 학습이 필요합니다.

특히, 법학을 배우거나 로스쿨에 진학하여 법률가가 되려는 사람은 다양한 법률분쟁의 사례를 이해하고 이를 해결할 수 있는 법 전체에 대한 개괄적인 지식을 갖출 필요가 있습니다. 영화나 실제 사건을 보면 다양한 법적인 문제가 드라마틱한 상황을 만들기도 합니다. 이 책에서는 이러한 사건을 합리적으로 법에 따라 해결할 수 있기 위한 법의 기초적인 지식을 제공합니다.

이 책은 법학을 처음 배우거나 로스쿨에 진학하기 전에 법학의 전체를 조망하기를 원하는 사람을 위하여 집필되었습니다. 헌법, 민법, 형법과 같은 기본 과목과 나아가 상법과 행정법에서 다양한 사건·사례들에 대한 법적 이해를 돕기 위해 관련 영화나 뉴스를 소재로 법률 이야기를 기술하고 있습니다.

이러한 사건·사례를 통한 법학에 대한 학습이 법을 배우고 싶어 하는 많은 사람들에게 법학의 장벽을 낮추는 계기가 되기를 바랍니다. 아울러 많은 사람들이 법학을 조금 더 쉽게 배워 사회전체에서 법과 공정이 바로 설 수 있게 되기를 바랍니다.

2021년 2월
공동 저자 일동

## 차 례

CHAPTER 01

# 헌법

# Chapter 01

# 헌법

## 제1절 헌법과 인권

### 1. 헌법

법규범은 행위규범으로서 그리고 판단규범으로서 "무엇을 해야 하는지", "무엇이 잘못된 것인지"에 관한 명령이나 허용 등을 규정한다. 헌법은 이러한 법규범 중 최상위의 것으로 한 국가내의 법규범과 국가기관의 공적처분 및 공권력의 행사 등의 옳고 그름의 판단기준이 된다. 헌법은 국가의 법규 중 최상위 규범으로서 국가와 국민관계에서 보장되어야 인권을 규정하고, 이를 보장하기 위한 국가구조, 즉 권력구조를 규정한다. 이러한 헌법을 통하여 국가는 국민의 안전과 인권을 보장을 목표로 관련된 권력조직을 정비하고 권한을 부여하여 국가의 역할을 하게 된다. 헌법은 이러한 국가의 질서와 국가의 인권보장의 목표를 실현하기 위한 규정을 두고 있다.

### 2. 국가로부터 인권 보장

인권은 '인간이면 누구나 누릴 수 있는 당연한 권리' 또는 '하늘로부터 부여받아 사람이면 당연히 가지는 권리'라고 말할 수 있다. 이 인권은 헌법 제10조의 "인간의 존엄과 가치"와 같은 헌법의 근본규범과 그 이하 규정을 통하여 구체화하고 있다. 이 인권이 어느 국가의 성문헌법전에 규정하여 구체적 권리로 보장되면 '기본권'이라 부르기도 한다. 결국, 국가는 물론 국제사회의 어느 곳에서나 인간에게 보편적이고 공통으로 인정되는 권리를 인권이라고 한다. 인권은 과거나 현재, 미래를 막론하고 세계 어디서나 보호되어야 하는 것이기 때문에 보편적인 개념이라고 할 수 있다. 따라서 20세기 후반부터 국제인권법이 급격히 발달하여 인권의 국제적 보호라는 개념도 일반화되었다. 자국에 의하여 인권 침해를 당한 개인은 이에 대한 구제를 국제사회에 호소할 수 있는 제도적 장치가 발달하고 있다. 오늘날에는 인권의 보호 없이 국제평화의 달성도 어렵다는 인식이 보편화되고 있다.[1]

인권은 헌법에 규정된 기본권으로서 국가에 대하여 직접 효력이 미쳐 입법부나 행정부, 사법부가 기본권에 기속하여 기본권을 침해하지 않고 보호하는 역할

---

1) 정인섭, 『신국제법 강의』, 박영사, 2013, 20면.

을 해야 한다. 이러한 인권은 행복추구권(헌법 제10조), 평등권(제11조), 신체의 자유와 인신보호(제12조, 제13조), 양심의 자유(제19조), 종교의 자유, 학문의 자유, 예술의 자유, 언론·출판의 자유, 집회·결사의 자유, 사생활의 비밀과 자유, 통신의 비밀과 자유, 직업의 자유, 재산권, 단결권·단체교섭권·단체행동권 인간다운 생활을 할 권리, 근로·교육을 받을 권리 등의 목록으로 우리 헌법에서 보장된다. 아직도 우리사회에서 국가로부터 이러한 기본권 혹은 인권이 침해받는 사례에 인권보장이 현실화 되도록 국가기관과 국민의 노력이 필요하다.

2013년 1월 개봉작인 영화 "7번방의 선물"은 많은 관객에게 눈물을 자아냈던 영화이다. 이 영화에서는 주인공인 예승이 아버지인 이용구가 미결수인 상태에서 기결수들과 함께 수감되어 있다거나 수감기간 내에 허가 없이 예승이와 함께 생활한다는 비현실적인 내용이 포함되어 있지만, 이 영화의 모티브가 된 사건이 실제 있었다.

1972년 춘천에서 한 초등학교 2학년생이 실종 후 사망한 채로 발견되었다. 피해자는 경찰 간부의 초등학생 딸이었다. 이 사건은 세상을 발칵 뒤집었고 수사기관은 서둘러 동네 만화방 주인을 범인을 강간살인범으로 지목하여 체포, 구속, 기소했다. 폭행과 협박에 내몰린 만화방 주인은 법원에서 무기징역을 선고받았다.

실제 이 사건의 사법피해자는 "7번방의 선물"에서와 달리, 15년 동안의 수감생활을 특별사면으로 마치고 살아서 출소하였다. 너무나도 억울했던 그는 1999년 자신의 사건에 대하여 사법부에 재심을 청구하였다. 이 사건은 "진실화회위의 재심" 권고를 거쳐 2011년 10월 27일 대법원에서 무죄판결이 확정되었다. 재심을 청구한 지 12년 만이었다. 유아강간살인범으로 낙인찍힌 그와 그의 가족이 고통을 받은 지 39년 만의 판결이었다.

영화와 이 사건을 통해서 우리는 사람 그리고 그 사람이 만든 제도와 그 현실이 언제나 완벽하지 않고 오류의 가능성이 있음을 다시 깨닫게 된다. 또한 당시이 사건의 시기적 상황에 따라서 헌법상 보장된 인권보장의 규정들이 현실적으로 작동하지 못했었다.

오늘날 위 주인은 헌법 제12조 제1항 처벌·보안처분·강제노역의 법률주의와 적법절차원리,[2] 헌법 제12조 제2항 진술거부권,[3] 제12조 제4항 변호인의 조력을 받을 권리,[4] 헌법 제12조 제7항 자백의 증거능력 및 증명력 제한[5]의 헌법규정과 이를 실현하는 형사소송법 규정에 따라 지신의 무죄를 변론한 제도를 확보하고 있다.

나아가 법을 집행하고 판단하는 전문가들은 법을 통하여 정의 실현과 인권의 보장 그리고 사회발전을 도모하려 노력과, 언제나 발생할 수 있는 편견과 자만 그리고 그로 말미암은 오류에 대하여 꾸준히 점검할 필요가 있다.

## 3. 인간의 존엄성

인간을 존중한다는 말의 의미가 무엇인지 생각해보자. 대개 인간 존중은 인권(human rights) 존중으로 표현될 것이다. 인권에는 생명권, 자유권, 평등권, 행복추구권 등이 있다. 근대 민주주의의 태동에서 인권의 개념을 찾을 수 있으며, 미국 독립혁명의 독립선언문과 프랑스 혁명의 인권선언에서 구체화되었다. 근대 민주주의의 이론적 토대가 계약론에 있으므로, 인권의 개념은 홉스, 로크, 루소와 같은 사회계약론자들의 이론에서 기원을 찾을 수 있다.

인간 존중의 원리는 인간이 존엄성(human dignity)을 지니는 존재이기 때문에, 인간을 존중해야 한다는 의미일 것이다. 그러나 과연 인간은 무조건 존엄한 존재인가? 칸트에 의하면 인간은 목적 그 자체로 대우받아야만 하는 존재이다. 그 이유는 무엇인가? 그에 의하면 인간은 자율적인 존재이고, 이성적인 존재이고, 스스로 도덕 왕국의 입법자이기 때문에 존엄한 존재라고 한다면, 만약 인간이 이성을 지니는 존재이기 때문에 존엄한 존재라면, 만약 이성의 능력이 없거나, 이성의 능력이 박탈당했거나, 이성의 능력을 발휘할 수 없는 인간은 존엄한 존재가 아닌

---

2) 헌법 제12조 제1항 모든 국민은 신체의 자유를 가진다. 누구든지 법률에 의하지 아니하고는 체포·구속·압수·수색 또는 심문을 받지 아니하며, 법률과 적법한 절차에 의하지 아니하고는 처벌·보안처분 또는 강제노역을 받지 아니한다.
3) 헌법 제12조 제2항 모든 국민은 고문을 받지 아니하며, 형사상 자기에게 불리한 진술을 강요당하지 아니한다.
4) 헌법 제12조 제4항 누구든지 체포 또는 구속을 당한 때에는 즉시 변호인의 조력을 받을 권리를 가진다. 다만, 형사피고인이 스스로 변호인을 구할 수 없을 때에는 법률이 정하는 바에 의하여 국가가 변호인을 붙인다.
5) 헌법 제12조 제7항 피고인의 자백이 고문·폭행·협박·구속의 부당한 장기화 또는 기망 기타의 방법에 의하여 자의로 진술된 것이 아니라고 인정될 때 또는 정식재판에 있어서 피고인의 자백이 그에게 불리한 유일한 증거일 때에는 이를 유죄의 증거로 삼거나 이를 이유로 처벌할 수 없다.

가? 만약 인간이 스스로 입법하는 존재이기 때문에 존엄하다면, 입법할 능력이 없거나, 입법하지 않는 인간 존재는 존엄하지 않은가? 칸트는 사형제도를 옹호하는 견해를 가졌다. 존엄한 존재를 죽일 수 있는 정당한 조건이 무엇인가?

인간 존중의 원리는 인간의 존엄성이라는 매우 난해한 문제와 관련되어 있다. 그러나 이러한 난해함은 인간이 인간 아닌 다른 존재의 관점을 취할 때만이 문제가 되고, 또한 그러한 관점에 의해서만 해결될 수 있는 문제이다. 왜냐하면, 인간으로서 인간 자신의 존엄함을 주장하는 것은 자기주장밖에 될 수 없기 때문이다. 만약 우리가 이러한 자기주장을 소박하게 인정하고서 모든 인간이 존엄하다는 관점을 취한다더라도, 그것을 모든 인간에게 적용하는 데는 여전히 의문이 남을 수 있다. 왜냐하면, 생물학적인 인간을 결정하는 문제가 그렇게 간단하지 않기 때문이다. 안락사와 함께 후술하는 존엄사 역시 이러한 맥락에서 접근할 수 있다.

인간은 자연인인 인간으로서 고유한 인격과 가치를 유지하고, 사회공동체와 연관을 가지면서 공동체의 다른 구성원과 더불어 살아가는 자율적이고 자유로운 인간을 의미한다(인격주의적 인간상). 또한, 존엄은 인간이 지니는 윤리적 가치로서 그 자체 인간이기 때문에 가지는 정체성(identity)과 고유한 가치를 의미하며, 인간은 그 자체 목적으로 존재하며 어떤 상황에서도 타자의 수단으로 존재하지 아니한다는 의미이다. 인간의 존엄은 죽어도 일정한 영역에서 인정되지만 본래 인간이 생명을 유지하고 살아 있음을 전제로 한다는 점에서 생명과 생존이 그 바탕을 이루고 이를 바탕으로 개인이 자신의 개성과 인격을 최대한으로 실현하는 삶을 산다는 점이 중요한 의미를 가진다.[6] 우리 헌법 제10조에서는 "모든 국민은 인간으로서의 존엄과 가치를 가지며, 행복을 추구할 권리를 가진다. 국가는 개인이 가지는 불가침의 기본적 인권을 확인하고 이를 보장할 의무를 진다."라고 규정하여 인간의 존엄과 가치, 나아가 행복추구권을 규정하고 있다.[7] 인간의 존엄과 가치는 우리 헌법의 최고의 객관적 가치로서 근본규범이다. 이는 개인을 위하여 국가 등이 존재해야 하는 것으로 반전체주의 원리이고, 인간의 가치가 다른 이익보다도 우선한다는 인간 우위의 원리를 내용으로 한다(인간의 우위). 인간의 존엄과 가치를 보장하기 위하여 우리 헌법은 입법, 사법, 행정 등의 모든 국가작용이 그 보장을 목적으로 하며 국가활동에 대한 가치판단의 기준, 모든 법 해석의 기준이 되고, 법의 흠결에 대해서는 법 보완의 원리가 된다(국가와 개인의 기속).

인간의 존엄이라는 객관적 가치로부터 기본권을 도출할 수 있다. 따라서 인간을 인격적 존재로 보지 않고 동물이나 물건으로 추급하는 것은 금지된다. 인신매매행위, 입양아의 상업적 중개행위, 인종차별, 인간을 실험 대상으로 삼는 행위,

---

6) 정종섭, 『헌법학원론』, 박영사, 2013, 406면.
7) 헌법을 비롯한 각종 법령의 검색은 법제처 홈페이지http://www.moleg.go.kr)를 통하여 할 수 있다. 대학 내에서는 유료 사이트(http://www.lawnb.com)를 통하여 법령은 물론 판례, 법률문헌 등을 검색할 수 있다.

가혹행위와 고문, 초상(肖像)의 악용, 강제적 단종(斷種) 및 집단학살, 노예 또는 농노 취급, 기타 가혹행위와 강제노동은 인간의 존엄과 가치를 부정하는 것이기에 금지된다.

인간복제도 인간의 존엄과 가치를 부정하는 것이다. 관련법으로 '생명윤리 및 안전에 관한 법률'에서 인간 복제를 위한 체세포 복제배아의 자궁에 착상, 유지, 출산이나 임신 외의 목적으로 배아를 생성하는 행위 등을 금지하고 있다.

일반적 행동의 자유권은 인간의 존엄과 가치뿐만 아니라 동조 후단 행복추구권의 내용이기도 하다. 따라서 행복추구권에 근거하여 일반적 행동의 자유권의 문제가 되는 사례로 미성년자의 당구장출입을 법률로서 금지하는 것이 헌법에 반하는가, 음주운전을 방지하기 위하여 차량운전자에 대하여 음주측정을 하는 것이 일반적 행동자유권을 침해하는 것인지, 경찰공무원의 음주측정 요구에 불응한 운전자에 대하여 형벌로 처벌하는 것이 타당한지가 문제 된 바 있다.[8]

형법전의 제2편 각칙(제87조~제372조, individual provisions)은 총 42개의 장(章)으로 이루어져 있는데, 각칙에서는 각 개별적인 범죄구성요건유형과 이에 대한 법정형 등을 정하고 있으며, 각칙과 관련된 폭력행위 등 처벌에 관한 법률, 성폭력범죄의 처벌 등에 관한 특례법 등 특별형법이 마련되어 있는바, 형법각칙 및 관련 특별형법에 대한 해석론과 입법론을 학문적으로 형법각론이라 한다. 이러한 형법각론은 개별적인 범죄처벌규정들이 보호하고자 하는 법익을 기준으로 개인적 법익에 대한 죄, 사회적 법익에 대한 죄, 국가적 법익에 대한 죄로 3분하여 설명하는 것이 보통이다.

그런데, 대한민국 헌법은 제10조에서 "모든 국민은 인간으로서의 존엄과 가치를 가진다."고 하여 인간의 존엄성을 최고의 헌법적 가치로 규정하고 있다. 이러한 인간의 존엄성과 이로부터 발생하는 여러 인격권들을 보호하기 위해, 형법에서는 개인(個人)이 가지고 있는 법익(法益)을 보호하기 위한 여러 구성요건들을 두고 있는 것이고, 형법학에서는 이를 개인적 법익에 대한 죄라고 한다. 인간의 기본권이 국가의 통치권에 우선한다는 기본권우위의 사상을 존중하는 민주주의 사회에서, 개인적 법익이 사회적·국가적 법익보다 우선하는 것은 결코 우연이 아니다. 특히 기업자본주의가 성행하는 오늘날의 거대 산업사회에서 개인의 가치가 날이 갈수록 경시되어 감을 고려할 때, 개인적 법익의 보호는 형법의 중요한 과제가 아닐 수 없다.

그런데 이러한 개인적 법익의 보호도 법익주체인 사람의 생명과 신체의 안전을 보장하지 않으면 아무런 의미가 없다. 이에 형법학에서는 사람의 생명과 신체를 개인적 법익 중에서도 가장 중요한 법익으로 보고 이를 보호하고자 여러 구성요건들을 마련하고 있다. 이것이 생명과 신체에 대한 죄이며, 형법각론에서

---

8) 헌법재판소 홈페이지(www.ccourt.go.kr)에서 관련 사건과 헌법재판소의 판결 내용을 확인해 보시오.

는 이를 처음 논의의 대상으로 삼고 있다. 여기에는 살인의 죄, 상해와 폭행의 죄, 과실치사상의 죄, 낙태의 죄 그리고 유기와 학대의 죄가 있다.

## 4. 사인(私人)간의 인권 보장

헌법에서 기본권으로 정한 인권의 가치는 사인들 간에도 존중·보호되어야 한다. 본래 기본권은 국가가 국민에게 보장하는 것이지만, 사인간에도 이것이 실현되도록 국가는 법제도를 만들고 있고, 나아가 개인간에도 사법(私法)에 따라 기본권을 간접적으로 준수하도록 요구하고 있다.

예를 들어 '남녀고용평등과 일·가정 양립 지원에 관한 법률'[9]은 직장 내에서도 평등이념에 따라 남녀의 평등한 기회를 보장하고 모성 보호와 여성 고용을 촉진하는 등 국민의 삶의 질 향상에 이바지하는 것을 목적으로 한다.

이 법에서는 근로자를 채용, 임금, 교육·배치 및 승진, 정년·퇴직 및 해고에서 남녀를 차별할 수 없다고 정하고(법 제7, 8, 9, 10조) 있다. 이 법 제12보 이하에서는 직장 내 성희롱을 금지하고 행위자에 대해 징계 등 조치를 의무하고 있다(법 제14조). 이 법 제18조에서는 출산전후휴가급여를 규정하고, 제19조에서는 육아휴직을 정하였다.

그리고 이 법 제37조 제1항에서는 사업주가 "근로자의 정년·퇴직 및 해고에서 남녀를 차별하거나 여성 근로자의 혼인, 임신 또는 출산을 퇴직사유로 예정하는 근로계약을 체결하는 경우에는 5년 이하의 징역 또는 3천만원 이하의 벌금에 처한다."고 규정하고 있다.

---

9) 법률 제12244호 일부개정 2014. 01. 14.

## 강의 노트

### 제2절 신체의 자유

## 1. 영화 재심을 보고

재심은 우리에게 어떠한 시사점을 제공하는가?

Note
_____
_____
_____
_____
_____
_____
_____
_____
_____

## 2. 헌법상 신체의 자유 보장

> **대한민국 헌법 제12조 【신체의 자유】** ① 모든 국민은 신체의 자유를 가진다. 누구든지 법률에 의하지 아니하고는 체포·구속·압수·수색 또는 심문을 받지 아니하며, 법률과 적법한 절차에 의하지 아니하고는 처벌·보안처분 또는 강제노역을 받지 아니한다.
> ② 모든 국민은 고문을 받지 아니하며, 형사상 자기에게 불리한 진술을 강요당하지 아니한다.
> ③ 체포·구속·압수 또는 수색을 할 때에는 적법한 절차에 따라 검사의 신청에 의하여 법관이 발부한 영장을 제시하여야 한다. 다만, 현행범인인 경우와 장기 3년 이상의 형에 해당하는 죄를 범하고 도피 또는 증거인멸의 염려가 있을 때에는 사후에 영장을 청구할 수 있다.
> ④ 누구든지 체포 또는 구속을 당한 때에는 즉시 변호인의 조력을 받을 권리를 가진다. 다만, 형사피고인이 스스로 변호인을 구할 수 없을 때에는 법률이 정하는 바에 의하여 국가가 변호인을 붙인다.
> ⑤ 누구든지 체포 또는 구속의 이유와 변호인의 조력을 받을 권리가 있음을 고지받지 아니하고는 체포 또는 구속을 당하지 아니한다. 체포 또는 구속을 당한 자의 가족 등 법률이 정하는 자에게는 그 이유와 일시·장소가 지체없이 통지되어야 한다.
> ⑥ 누구든지 체포 또는 구속을 당한 때에는 적부의 심사를 법원에 청구할 권리를 가진다.

⑦ 피고인의 자백이 고문·폭행·협박·구속의 부당한 장기화 또는 기망 기타의 방법에 의하여 자의로 진술된 것이 아니라고 인정될 때 또는 정식재판에 있어서 피고인의 자백이 그에게 불리한 유일한 증거일 때에는 이를 유죄의 증거로 삼거나 이를 이유로 처벌할 수 없다.

우리 헌법 제12조 제1항에서 "모든 국민은 신체의 자유를 가진다"고 규정하고 있다. 신체의 자유에 관한 규정은 인신에 관한 실체적 권리를 제한하는 경우 입법권자를 비롯한 국가권력이 반드시 존중해야 되는 헌법상의 기속원리를 명백히 밝힘과 동시에 체포·구속·압수·수색·심문·재판과정에서의 여러 가지 권리를 사법절차적 기본권으로 보장하고 있다.

이 헌법 제12조, 제13조 등에서는 죄형법정주의(罪刑法定主義), 적법절차원리(適法節次原理), 이중처벌(二重處罰)의 금지, 사전영장제도(事前令狀制度), 연좌제(連坐制)의 금지, 자백(自白)의 증거능력 제한, 무죄추정원칙(無罪推定原則), 고문(拷問)을 받지 아니할 권리, 불리한 진술거부권(陳述拒否權), 영장제시요구권(令狀提示要求權), 변호인(辯護人)의 도움을 받을 권리, 체포·구속시 이유와 권리를 고지받을 권리, 체포(逮捕)·구속적부심사청구권(拘束適否審査請求權), 정당한 재판(裁判)을 받을 권리, 형사보상청구권(刑事補償請求權)가 보장되어 있다.

위 기본권들이 헌법의 어느 규정에 어떠한 형태로 규정되어 있는지 확인해 보자. 그리고 위 규정들의 개별적이니 내용은 무엇이고, 이를 실현하기 위해 구체적으로 어떠한 법들이 있고, 이 법은 어떠한 내용을 규성하고 있는 지 연구하여 발표해 보자.

강의 노트

## 제3절 **언론·출판의 자유**

### 1. 영화 제보자를 보고

우리에게 언론의 자유와 이를 보장하는 것은 어떠한 헌법적 가치가 있다고 생각하는가?

Note

### 2. 헌법상 언론·출판, 집회·결사의 자유

> 대한민국 헌법 제21조 【언론·출판·집회·결사의 자유】① 모든 국민은 언론·출판의 자유와 집회·결사의 자유를 가진다.
> ② 언론·출판에 대한 허가나 검열과 집회·결사에 대한 허가는 인정되지 아니한다.
> ③ 통신·방송의 시설기준과 신문의 기능을 보장하기 위하여 필요한 사항은 법률로 정한다.
> ④ 언론·출판은 타인의 명예나 권리 또는 공중도덕이나 사회윤리를 침해하여서는 아니된다. 언론·출판이 타인의 명예나 권리를 침해한 때에는 피해자는 이에 대한 피해의 배상을 청구할 수 있다.

#### 1) 언론·출판의 자유

언론·출판의 자유는 사람들이 삶을 소통하도록 하여 인격·개성을 발현하고 신장하며 자아실현을 도모한다. 그리고 언론·출판의 자유는 정치적 결정에 관련한 의사들이 자유롭게 형성되고 개진할 수 있게 하여 민주정치를 가능하게 하는 근본이 된다. 나아가 언론·출판의 자유는 다양한 의사를 수렴하여 국가, 사회의 다원주의를 실현하고 소수자를 존중하는 기회와 의무가 부가되기도 한다.[10]

---

10) 정재황, 『신헌법입문』, 박영사(2020), 459면.

언론·출판의 자유는 표현자의 내면적 의사를 다른 사람들에게 전달, 전파하고 상태평이 의사를 받아들이는데 방해받지 않을 자유와 소극적으로는 소극적으로 일정한 의사표현을 강제당하지 않을 자유를 보장하는 것이어야 한다.[11]

헌법에서는 언론의 자유의 내용으로 보도의 자유를 인정하고 보도의 자유의 한 내용으로 취재의 자유를 인정한다.[12] 그러나, 문재완 교수는 이미 언론사가 일반인이 누리는 언론의 자유보다 더 두터운 보호를 받아야 하는지에 대해서는 의문을 제시하기도 했다.[13] 언론의 자유는 모든 사람이 향유하는 자유이며, 언론사도 일반인과 마찬가지로 언론의 자유의 주체가 되고, 일반인과 같은 정도의 언론의 자유를 향유할 뿐이라[14]는 것이다. 이러한 견해는 이미 진행하고 있는 1인 미디어 시대를 예견한 것이기도 하다. 표현에 대한 욕망은 인간 본성의 것이다. 1인 미디어는 자유로운 자신의 표현과 의사 개진을 가능하게 한 것임은 물론이요, 기성 언론의 표현에 대한 액세스권에 대한 불만의 직접적인 표출이기도 하다.

언론·출판의 자유의 내용으로 신문의 자유, 즉 신문사를 설립하고 신문을 발행할 자유, 뉴스를 취재하고 보도할 자유 등을 포함하다.[15] 2009년 7월 '정기간행물의 등록 등에 관한 법률'을 전면 개정하여 '신문 등 진흥에 관한 법률'로 변경하면서 인터넷 신문을 새로이 적용대상으로 했다. 이에 따라 공직선거법도 인터넷언론사를 규정하게 되었다.[16] 포털의 뉴스 매개 행위를 인터넷뉴스서비스라는 개념으로 신문법 제2조 5호, 언론중재법 제2조 제18호로 수용하고 있다.

여기에 정기간행물의 자유에는 연 2회 이상 계속 발행하는 정기간행물을 제작하는 잡지사 등의 설립의 자유, 취재의 자유, 편집의 자유, 발행의 자유 등을 포함한다.[17] 출판의 자유는 출판사의 설립의 자유, 서적의 편집의 자유, 서적발간의 자유 등을 포함한다.

알 권리는 공공기관의 정보에 대한 공채청구권을 의미하는 청구권적 성격과 일반적으로 접근할 수 있는 정보원으로부터 자유롭게 정보를 수집할 수 있는 권리를 의미하는 자유권의 성격을 갖고 있다.[18]

### 2) 뉴미디어의 출현

뉴미디어의 출현과 언론의 자유에 관해서 토론해 보자.

---

11) 정재황, 앞의 책, 463면.
12) 허영, 『한국헌법론』, 박영사, 2006, 49면;  문재완, 『언론법』, 늘봄(2008), 367면.
13) 문재완, 위의 책, 368면.
14) 문재완, 위의 책, 369면.
15) 정재황, 앞의 책, 464면.
16) 김옥조, 『미디어 법』, 커뮤니케이션북스(2012), 129면.
17) 정재황, 앞의 책, 464면.
18) 정재황, 앞의 책, 465면.

## 제4절 권력구조

### 1. 헌법의 권력구조

대한민국 헌법은 국민주권의 이념을 실현하고 국민의 자유와 권리를 보장하기 위한 통치기관의 구성원리로서 권력분립 원리, 대의제 원리 그리고 이를 위하여 선거제도, 직업공무원제, 지방자치제도 등을 두고 있다. 정부형태를 대통령제도를 중심으로 하여 의원내각제 요소를 포함한 혼합정부제 형태로 구성되었다.

헌법은 제40조 이하에서 국회를 규정하고, 제66조 이하에서 대통령을 구성하며 제86조에서는 국무총리, 제88조에서는 국무회의, 제94조 이하에서는 행정각부에 관해 규정한다. 제97조 이하에서는 감사원 규정을 두고, 제101조 이하에서는 법원의 구성과 권한을 규정한다. 그리고 제111조 이하에서 헌법재판소의 관장사항 등을 규정하고 있다. 또한 제114조 이하에서 선거관리위원회를 규정하고, 제117조 이하에서는 지방자치제도를 규정하고 있다.

이렇게 헌법에서 규정한 권력구조는 권력분립 원리와 대의제 원리, 법치국가의 의 원리, 책임정치 원리 등에 따라 보다 국가가 국민의 기본권을 보장하고 사회의 지속적인 발전을 도모하며 각종 분쟁의 원만한 해결을 위한 최선의 방법을 추구하려고 한다. 지금도 대한민국 헌법에서 국민의 기본권 보장과 사회복리의 증진, 그리고 각종 분쟁의 정의로운 해결을 위하여 바람직한 헌법상 권력구조의 개선 방향이 논의되고 있다. 이는 헌법의 개정으로 구현될 수도 있고, 관련 법령의 제·개정으로 구현될 수도 있으며, 현실 정치의 변화로 구현될 수도 있다. 모든 국민은 한마음으로 이상적인 정치과 국가 권력의 행사가 가능하기 위하여 협력하면서도 비판과 견제 그리고 이를 통한 개선의 과정을 끊임없이 반복하게 된다.

### 2. 권력구조의 비교

#### • 미드 지정생존자

미국 드라마 시리즈 "지정생존자"는 데이비드 구겐하임이 프로듀서를 맡아 미국 ABC에서 2개 시즌으로 방송되었다. 이후 넷플릭스에서 시즌 3의 전편이 공개되었다. 드라마의 내용은 미국 주택도시개발부 장관이었던 톰 커크먼(키퍼 서덜랜드 분)이 대통령의 국정연설 당시 지정생존자로 대기하다가, 초유의 폭발 테러로 자신을 제외한 모든 대통령직 계승자가 사망하여 갑작스레 미국 대통령직에 오르며 벌어지는 이야기를 담고 있다. 커크먼은 미숙한 능력에도 국가원수로서의 책임을 다하는 한편, 테러 공격의 배후에 감춰진 진실을 파헤치려 한다.

미국의 헌법과 대한민국의 헌법에서 국가 권력시스템과 대통령 유고시 권력승계 방식이 어떻게 다른가?

**Note** 관련 헌법과 정부조직법 등 규정, 헌법재판소 판례

> ex) 대통령직 자체에 문제가 발생하는 경우를 대통령의 유고(有故)라 한다. 대한민국에서 유고시 권한대행 체제, 대통령의 입명 방식은 헌법 제68조에서 어떻게 정하고 있는가? 궐위(闕位)는 대통령이 사망이나 탄핵결정으로 파면된 경우, 취임 후 피선자격의 상실 판결을 받은 경우 등에 해당한다. 사고(事故)는 대통령 재임 중 신병·해외여행 등으로 직무를 수행할 수 없는 경우와, 국회의 탄핵소추의결로 헌법재판소의 탄핵결정이 있을 때가지 권한행사가 정지된 경우를 말한다.[19]

## 3. 권력구조의 운영

대통령, 국회, 국무총리, 국무회의, 행정각부, 감사원, 법원, 헌법재판소, 선거관리위원회, 각급 지방자치는 어떠한 방식으로 국민의 기본권을 보장하고 사회복리를 증진하며 다양한 이해관계의 충돌을 해결하는가?

각자 관심 있는 기관을 중심으로 조사하여 발표해 보자.

---

19) 성낙인, 헌법학, 법문사(2019), 528면.

# 민법

# 민법

> **제1조(법원)** 민사에 관하여 법률에 규정이 없으면 관습법에 의하고 관습법이 없으면 조리에 의한다.

대법 "강제징용 피해자에 日기업이 1억씩 배상"…13년 만에 결론
／ 연합뉴스(https://youtu.be/1−sqqKSUz9I)

## 1. 민법의 적용범위

민법 제1조의 규정은 민사사건을 해결함에 있어 판단의 근거가 되는 법원(法源)을 정한 것이지만, 이와 더불어 민법의 범위를 정하는 중요한 의미를 가지는 규정이다.

"민사"란 무엇인가가 문제된다. "민사(民事)"란 용어는 국가 등 공적 기관에 대하여 주장할 수 있는 권리가 아니라 개인이 다른 사인(私人)에 대하여 주장할 수 있는 권리(私權)에 관한 사무라고 할 수 있다. 따라서 민사에 관한 모든 권리에 대하여 정하고 있는 법이 민법이라고 할 수 있다.

일반적으로 민법의 범주 내에 들어가는 것으로는 금전의 차용, 부동산 등 물권의 소유 및 이용, 타인의 위법한 행위로 인하여 생긴 손해의 배상 등과 같은 재산에 관한 권리에 관한 문제와 혼인과 이혼, 부모와 자간의 상호의무, 상속, 유류분에 대한 가족법간의 권리와 의무를 생각할 수 있다. 이들이 민사에 관한 범위에 포함된다는 것은 사실이다. 그러나 민사의 문제는 우리가 생각할 수 없는 문제에서도 포함되어 있다.

A라는 사람이 부주의하게 차를 몰고 가다가 B라는 보행자를 치어 많은 치료를 필요로 하는 상처를 준 경우를 생각해보자. 우선 쉽게 생각할 수 있는 것은 A라는 사람을 처벌하는 문제를 생각할 수 있고, 이 경우에 생각할 수 있는 법은 형법일 것이다. 또한 A라는 사람의 면허를 취소하거나 하는 문제를 생각할 수 있다. 이러한 문제들은 민사에 관한 문제라고 할 수 없다. 그런데 이와 달리 형사소송에서 A가 처벌받는다고 하더라도 교통사고로 인하여 B에게 발생한 치료비, 통증으로 인한 위자료, 혹은 B가 불구가 되어 앞으로 일을 할 수 없어 받은 손해

를 B에게 배상해주지 못한다. B가 A에 대하여 재산적 권리인 손해배상청구권을 규정하는 것은 민법 그 중에서도 특히 불법행위로 인한 손해배상을 규정한 민법 제750조를 보아야 할 것이다. 우리 민법 제750조는 "고의 또는 과실로 인한 위법행위로 타인에게 손해를 가한 자는 그 손해를 배상할 책임이 있다"라고 규정하고 있고, 이 규정은 B가 교통사고로 인한 재산에 대한 권리를 행사할 수 있게 해주는 근거가 된다. 법을 공부하는 사람들은 우선 보이는 형사적인 처벌 외에도 B의 개인적인 권리를 보호해주는 제도에 대하여 생각해야 한다.

A와 B의 사건에서 생각할 수 있는 것과 같이, 하나의 행위에 대하여 민사적인 문제와 형사적인 문제는 동시에 일어나는 경우가 적지 않다. 의사자격이 없는 사람이 다른 사람을 치료한다고 하면서 잘못하여 치료받는 자에게 신체적 손상을 준 경우, 의사자격이 없는 자를 처벌하는 문제와 함께 치료받는 환자에게 생긴 손해를 배상하는 문제가 발생할 수 있다. 이 경우에도 상처를 입는 자는 민법 제750조를 근거로 무자격의사에게 손해배상을 청구할 수 있다.

때로는 전혀 다른 영역이라고 생각되는 영역에서도 민사법적인 문제가 발생할 수 있다. B라는 사람이 특허권을 가지고 있었는데, A가 B의 허락없이 B의 특허를 실시한 경우를 생각해보자. 이 문제는 특허법의 문제이고 민법의 문제가 아니라고 생각할 수도 있다. 그러나 제128조 제1항은 "특허권자 또는 전용실시권자는 고의 또는 과실로 자기의 특허권 또는 전용실시권을 침해한 자에 대하여 침해로 인하여 입은 손해의 배상을 청구할 수 있다"고 규정하여 B에게 손해배상을 청구할 수 있는 권리를 규정하고 있다. 그런데 특허침해자의 고의 또는 과실 등의 개념은 민법상의 고의 또는 과실의 개념을 차용하고 있고 또한 손해배상의 범위도 민법의 규정에 의존하고 있다(민법 제393조).

민법상의 권리를 파악할 때에는 그 용어에만 따라가는 것만으로 안되는 경우도 있다. 부동산의 권리관계를 나타내는 수단은 등기인데 '부동산등기법'이라는 법이 있다. 그런데 이 부동산등기법을 본다고 하여 등기에 관한 내용을 알 수 있는 것은 아니다. 부동산등기법은 등기를 하는 절차를 규정할 뿐이고, 등기에 기재된 권리자가 어떠한 권리를 가지는지를 알 수 없다. 이 내용은 민법 중의 물권편에 있다. 공탁법도 공탁에 관한 절차를 정하고 있을 뿐 공탁자가 가지는 이익에 대해서는 규정하고 있지 않다. 이 내용은 민법에서 정한다(민법 제487조 ~ 제492조). 이러한 내용은 우리 민법의 구조를 차근하게 공부하지 않는 한 알 수 없는 부분이다.

## 2. 민법과 특별법

민법은 사권의 내용 전반을 정하는 것이지만, 특정한 사람, 특정한 시기나 특정한 사안에 한하여 특별한 법을 적용해야 할 필요가 있는 경우가 있다. 이 경우 민법과 다른 내용의 법을 정하기도 하는데, 이들을 특별법이라고 부르고, 이 법들은 민법에 우선해서 적용된다. 법을 적용할 때에는 이 일에 민법과 다른 특별법이 존재하는지 살펴보아야 한다. 가등기담보 등에 관한 법률, 주택임대차보호법, 상법 등이 민법의 특별법이다.

## 3. 우리나라 민법의 외국인에게 적용

국제교류가 활발해짐에 따라 외국인들과의 사법상의 관계가 발생하는 경우가 적지 않다. 내국인과 외국인의 사법적 법률관계가 발생할 경우 어느 나라의 법률을 적용할 것인가? 어느 나라에서 소송을 할 것인가 등의 문제가 생기기도 한다. 이러한 문제를 해결하는 법이 국제사법이다. 국제사법은 우리나라 법정에 소송이 제기된 경우 우리나라 법원에서 소송을 할 것인가(재판관할의 문제)와 우리나라에서 소송을 한다면 어느 나라의 법에 따라 소송을 할 것인가(준거법결정의 문제)라는 내용을 규정하고 있다. 강제징용자들이 일본의 미쯔비시 중공업을 상대로 소송을 하는 것도 이 국제사법에 따른 재판이 진행된 것이다. 우리나라의 대법원은 이 소송에서 재판관할을 인정하고 우리나라 법을 적용하여 강제징용피해자들에게 손해배상청구를 인용하였다(대법원 2012. 5. 24. 선고 2009다22549 판결).

## 4. 민법의 구성

민법은 총칙, 물권, 채권, 친족, 상속의 5편으로 구성되어 있고, 각 편 아래에 여러 장으로, 각 장은 여러 절로, 각 절은 여러 관으로 구성되어 있다. 이하에서는 각 편의 내용을 소개하기로 한다.

## 5. 생각해볼 문제

최근의 신문에서 다루어진 사건을 말해보고 이들 중에서 그 사건중에서 누가 어떤 개인의 권리를 침해당했다고 생각해보고 어떤 구제를 할 수 있는지를 생각해보자.

## 제2절 총칙

### 1. 민법총칙의 내용

총칙편은 우리 민법에 공통적으로 적용될 내용을 정해놓은 것이다. 예컨대 민법총칙에서 정한 人(사람)은 권리를 향유하는 주체를 정한 것으로 이 존재만이 물권과 채권, 친족상속권을 가질 수 있다. 그런데 총칙에 규정되어 있어도 재산편에만 적용되는 것이 있는데, 소멸시효에 같은 것이 이와 같은 것이다. 어느 것이 재산편에만 규정되는 것인지 아니면 친족상속법에도 적용되는 것인지는 민법에 특별히 규정된 것은 아니므로 그 규정의 성격을 보고 판단하여야 한다. 공부를 처음으로 시작하는 사람들로서는 어느 쪽에 속하는 것인지 알 수 없는 경우가 많으므로, 민법의 이론서를 유심히 보아야 한다. 총칙은 통칙, 인, 법인, 물건, 법률행위, 기간, 소멸시효라는 7개의 장으로 구성된다. 각 장의 내용은 다음과 같다.

### 2. 통칙의 내용

통칙은 법원(法源)과 권리남용과 신의성실의 원칙을 정하고 있다. 법원은 법의 존재형식을 정한 것으로 성문법과 불문법으로 구성됨을 정하고 있다. 신의성실의 원칙과 권리남용금지의 원칙을 정하고 있다. 신의성실의 원칙은 법률관계의 당사자는 서로 상대방의 신뢰를 헛되지 않도록 성의있게 행동하여야 한다는 원칙을 말한다. 권리남용금지원칙은 권리자가 권리를 행사하여 이익을 취함에 있어서도 권리의 사회성에 반하는 것이라면 정당한 권리행사로 인정하지 않겠다는 것을 규정한 것이다.

### 3. 권리의 주체

> **제3조**(권리능력의 존속기간) 사람은 생존한 동안 권리와 의무의 주체가 된다.

권리를 향유할 수 있는 주체는 사람으로 한정된다는 것을 정해놓은 것이다. 사람은 남녀노소여부를 가리지 않고 권리를 가질 수 있는 지위(권리능력)를 가지지만, 반대로 이에 속하지 않은 존재들 예컨대 도롱뇽과 같은 동물은 권리능력을 가지지 못한다.

> 원심결정 이유를 기록에 비추어 살펴보면, 원심이 도롱뇽은 천성산 일원에 서식하고 있는 도롱뇽목 도롱뇽과에 속하는 양서류로서 자연물인 도롱뇽 또는 그를 포함한 자연 그 자체로서는 이 사건을 수행할 당사자능력을 인정할 수 없다고 판단한 것은 정당하고, 위 신청인의 당사자능력에 관한 법리오해 등의 위법이 없다.(대법원 2006. 6. 2. 자 2004마1148,1149 결정)

인간에게만 권리능력이 인정된다는 원칙은 민법의 확고한 원칙이지만, 이 원칙을 수정할 필요가 있다는 주장들이 쏟아져 나오고 있다. 반려동물에 대한 중요성이 높아지자 반려동물의 권리도 인정하여야 한다는 주장들이 있고, 또한 인간 정도 혹은 그 이상의 정신적 능력을 가진 AI에 대해서도 권리능력을 인정하여야 한다는 주장이 높아지고 있다. 이들에게 권리능력을 인정하는 것은 지속적으로 논의되어야 할 과제이기는 하지만, 현재로서는 이들에게 권리능력을 인정하기에는 어려움이 있다고 할 수 있다.

## 4. 물건

총칙에서는 권리의 객체인 물건에 대하여 규정하고 있다. 권리의 객체가 물건만 있는 것은 아니지만, 총칙에서는 물건에 대해서만 규정하고 있다. 물건에는 부동산과 같은 무생물도 있지만, 반려견과 AI 등도 권리능력이 인정되지 않는 한 물건에 속할 수밖에 없다. 총칙에서는 물건을 동산과 부동산, 주물과 종물, 원물과 과실로 나누어 이들의 법률관계를 규정하고 있다.

## 5. 법률행위

총칙은 법률행위에 대하여 규정하고 있다. 법률행위는 '의사표시를 불가결한 요소로 하는 법률요건'이라고 정의되고 있다. 법률행위는 우리 사회 구성원들의 권리관계를 형성하는 가장 중요한 요소이다. 법률행위가 유효하게 위해서는 당사자에 관한 요건, 법률행위의 목적에 관한 요건, 의사와 표시의 일치라는 세 가지의 요건들 모두를 갖추어야 한다.

당사자에 관한 요건으로서는 법률행위를 하는 당사자는 권리능력 외에 의사능력과 행위능력을 갖추어야 한다.

법률행위가 유효하기 위해서는 법률행위를 통하여 당사자가 달성하고자 하는 목적이 가능하고, 적법하고, 확정할 수 있는 것이어야 하며 사회적 타당성을 갖추어야 한다.

법률행위가 유효하게 위해서는 당사자의 의사와 외부로 표현된 표시가 일치되어야 하고 의사표시에 하자가 없어야 한다. 이 요건에 충족되지 않은 것으로는 진의아닌 의사표시, 통정허위표시, 착오에 의한 의사표시, 사기 또는 강박에 의한 의사표시를 규정하고 각 요건에 해당되는 경우 각각 법률행위가 무효임을 규정하거나 법률행위를 취소할 수 있다고 규정하고 있다.

## 6. 대리

법률행위 부분에서는 대리에 관한 규정을 두고 있다. 대리란 타인(대리인)이 본인의 이름으로 법률행위를 하거나 의사표시를 수령함으로서 그 법률행위의 효력을 직접 본인에게 발생시키는 제도를 말한다. 토지를 취득하고자 하는 A(본인)가 자신이 직접 계약을 체결하지 않고 A를 대신하는 B(대리인)이 A의 대리인임을 밝히고 C(제3자)에 계약을 체결하여 A와 C사이에 법률효과가 발생하도록 하는 형식의 법률행위가 이에 속한다. 대리제도는 법률행위를 체결하는 능력이 부족한 사람(미성년자나 피성년후견인, 한정책임능력자 등)이 법률행위를 할 수 있게 하고, 다른 한편으로는 본인이 능력자라 하더라도 그 사람이 법률행위를 할 수 있는 폭을 넓힘으로서 법률행위를 활성화할 수 있는 제도이다.

## 7. 소멸시효

총칙에는 소멸시효제도를 규정하고 있다. 채권이나 소유권이외의 물권은 권리는 장기간 행사하지 않았다가 권리자가 권리를 행사한 경우 권리의 상대방이 그 권리가 소멸하였다고 주장할 수 있다. 이를 소멸시효제도라고 한다. 이 제도는 권리자가 상당한 기간 동안 권리를 행사하지 않을 경우 상대방에게 앞으로도 권리를 행사하지 않을 것이라는 신뢰를 주고, 권리에 관한 입증이 어려워지는 것은 감안하여 상대방에게 권리의 소멸을 주장할 수 있도록 규정하고 있다고 할 수 있다.

### 제3절 물권

물권법은 물권의 특성과 물권관계의 변동을 규율하는 것을 내용으로 하는 물권법 총론과 물권의 종류를 규정한 물권법 각론으로 나눌 수 있다.

## 1. 물권법 총론의 내용

물권법 총론은 다른 권리에 비하여 물권이 가지는 특징을 규정하는 부분과 물권변동의 공통적인 내용을 규율하는 부분으로 구성되어 있다.

물권은 사람이 물건을 지배할 수 있는 권리이다. 물권은 물건의 지배에 대한 지배권의 종류, 내용 및 발생, 변경, 소멸에 관한 규정을 통하여 어떤 물건이 누구에게 속하고, 누구의 어떤 지배에 복종하는가에 관한 질서를 규율하는 것을 내용으로 한다. 물건은 항상 한 사람에게 속하는 것이 아니라 권리가 타인에게 이동될 수 있다. 물권이 타인에게 이동될 수 있기 위해서는 제3자들이 권리자가 가지고 있고 혹시 거래를 한다면 자신이 받을 권리를 명확하게 알기 위해서는 권리의 내용이 어떤 것인가를 일률적으로 정할 필요가 있다. 이런 이유로 물권의 내용과 종류는 법률이 정하는 것만을 허용하고 당사자가 자유로이 창설하거나 다른 내용의 권리를 인정할 수 없도록 규정하고 있고, 이를 '물권법정주의'라고 한다. 민법에 의하여 인정되는 물권은 점유권·소유권·지상권·지역권·전세권·유치권·질권·저당권으로 총 8개이다. 민법이 인정하는 경우에 외에도 관습법에 따라 물권이 인정될 수도 있는데(민법 제185조), 관습법상 법정지상권과 동산에 대한 양도담보권 등이 이에 속한다.

관습법상의 물권은 성문법에 위반되지 않는 경우에만 성립할 수 있다. 관습법상의 물권인 분묘기지권이 효력을 유지할 수 있는가에 대해서는 다툼이 있다. 이에 대해서는 대법원 전원합의체판결에서 논의된 적이 있어 이에 대해서 소개한다.

## 2. 관습법상의 물권(분묘기지권)의 성립과 성문법

대법원 2017. 1. 19. 선고 2013다17292 전원합의체 판결

### 1) 사실관계

소송을 통하여 토지의 소유권을 회복한 원고(○○○씨△△△파종중)는 그 토지에 설치된 분묘를 수호하고 있는 피고들에게 분묘의 철거를 청구하였고, 피고는 분묘기지권을 이유로 분묘의 철거를 거부하였다. 제1심법원은 원고의 주장을 받아들이지 않았고, 제2심법원도 원고의 청구를 기각하였다.

### 2) 대법원 공개변론

"남의 땅 위 분묘 설치, 20년 뒤 권리?" 전원합의체 공개변론

(https://youtu.be/tXdzmPJM1gw)

### 3) 대법원의 판결

타인 소유의 토지에 소유자의 승낙이 없다는 사실을 알면서 무단으로 분묘를 설치한 경우, 즉 악의의 무단점유에 해당하는 경우에는 특별한 사정이 없는 한 분묘를 설치한 자에게 토지 소유자의 승낙을 받아 분묘기지권자로서 점유를 한다는 의사가 있다고 보기 어려우므로, 분묘기지권의 취득시효는 인정되지 않는다.

## 3. 물권변동이란

물권변동이란 물권의 발생·변경·소멸을 말한다. 물권변동으로 법률행위에 의한 물권변동(제186조)과 법률의 규정에 의한 물권변동(제187조)로 나누어질 수 있는데, 법률의 규정에 의한 물권변동은 사실행위에 의하여 일어나는 것이므로 법적으로 문제가 되는 경우가 많지 않다. 이에 비하여 법률행위로 인한 물권변동은 법적으로 쟁점이 되는 경우가 많고 많은 분쟁을 일으키고 있다. 물권이 변동되기 위해서는 물권행위라는 법률행위가 있어야 한다. 물권행위는 채권을 발생시키는 채권행위와 구분되며 물권을 변동시킨다는 당사자의 의사와 행위가 결합되어 있어야 한다. 우리 민법상 법률행위로 인하여 물권이 변동되기 위해서는 채권행위와 물권행위 외에 공시방법을 갖추어야 한다. 공시방법이란 물권의 존재 또는 변동을 외부에서 인식할 수 있는 표상을 의미한다. 동산의 공시방법은 점유이고, 부동산의 공시방법은 등기이다. 즉 동산의 물권변동에서는 채권행위, 물권행위와 점유이전이 있어야 물권의 변동이 일어나고, 부동산의 물권변동에서는 채권행위, 물권행위와 함께 등기의 이전이 있어야 물권의 변동이 일어난다는 것이다.

## 4. 동산물권의 공시방법으로서의 점유의 이전

동산물권이 이전되기 위해서는 점유의 이전 즉 '인도'가 있어야 한다. 쉽게 생각할 수 있는 인도의 방법은 현실적 인도이다. 그림의 양도에 있어 그림의 양도인이 그림의 양수인에게 그 그림을 들어 양수인의 손에 주어주거나 양수인이 지배하는 장소에 두는 것 등 이다. 그런데 이런 방법외에도 인도하는 방법을 생각할 수 있다. 그림을 빌려 사용하고 있던 사람이 그림을 양수하는 경우에는 양수인이 이미 그림을 가지고 있음으로 양도인과 양수인의 의사표시만으로 인도가 되는데 이를 간이인도라고 한다. 간이인도도 인도의 한 방법이고, 간이인도로 공시방법을 갖춘 것이라고 볼 수 있다. 이와 달리 양도인이 양수인에게 그림을 양도하고 양수인으로부터 다시 그림을 빌리는 경우에는 그림의 현실적 지배는 양

도인에게 그대로 두고 양도인과 양수인사이의 의사표시만으로 인도한 것으로 볼 수 있다. 이를 점유개정이라고 한다. 이와 달리 양도할 당시에 그림을 제3자가 점유하고 있는 경우 양도인은 제3자에 대하여 가지는 그림반환청구권을 양수인에게 이전함으로서 그림을 인도할 수 있는데, 이를 목적물반환청구권의 양도라고 한다. 원칙적으로 현실적 인도외에 간이인도, 점유개정, 목적물반환청구권의 양도도 점유의 이전 즉 인도에 해당되고 이것으로 물권의 변동이 일어난다.

## 5. 물권의 종류와 내용

### 1) 기본물권

#### (1) 점유권

점유권은 물건에 대한 사실상의 지배가 있으면 그것을 정당화시켜주는 법률상 권원(權原)이 있는지를 불문하고 사실상의 지배에 대하여 인정되는 권리를 말한다. 점유자는 점유보호청구권이 인정되어 점유에 대하여 침해 또는 침해의 우려가 있는 경우에 본권의 유무와 무관하게 그 배제 또는 예방을 청구할 수 있는 권리를 말한다. 점유자는 이 점유보호청구권에 의하여 점유를 침탈한 자에 대하여 그 물건의 반환 및 손해배상을 청구할 수 있다(물건자체를 타인이 가지고 간 경우). 또한 점유자가 점유의 방해를 받은 때에는 그 방해의 제거나 손해배상을 청구할 수 있다(물건의 점유는 점유자에게 있지만, 점유를 방해하는 행위를 한 경우).

#### (2) 소유권

소유권은 법률의 범위내에서 그 소유물을 사용·수익·처분할 수 있는 권리를 말한다. 여기서 사용·수익이란 물건의 사용을 파악하는 것을 말하며, 처분은 물건의 교환가치를 파악하는 것을 말한다. 소유권은 물건에 대한 가장 강한 지배를 가지는 권리이지만, 민법 제211조에 의하면 소유자는 법률의 범위 내에서만 사용·수익·처분할 수 있다.

소유권은 점유취득시효, 등기부시효취득, 무주물선점, 유실물습득, 매장물의 발견, 첨부 등의 법률의 규정에 의하여 취득하는 경우가 있지만, 법률행위를 통하여 취득하는 경우가 많다. 이 경우 유효한 물권행위가 있어야 하며, 이 물권행위의 원인이 되는 채권행위가 유효하여야 하며 물권에 따른 공시방법을 갖추어야 한다. 부동산소유권의 취득에서는 점유의 이전이 있어야 소유권을 취득할 수 있는 것은 아니지만, 부동산매도인은 이 점유를 이전해야 할 의무가 있다.

소유권자는 자신에게 속한 물건을 점유한 자에 대하여 그 물건의 반환을 청구할 수 있으며, 소유물에 대한 점유의 박탈 또는 반환거부 이익의 방법에 의하여 소유권의 행사를 방해받거나 방해받을 염려가 있는 경우에는 방해자에 대하여 방해의 제거 또는 방해예방을 청구할 수 있다.

## 2) 용익물권

용익물권이라는 타인의 토지나 건물을 인정한 범위내에서 사용·수익할 수 있는 물권을 말한다. 우리 민법상의 용익물권으로는 지상권, 지역권, 전세권이 있다. 이 용익물권은 부동산에 대한 물권이므로 등기하여야 발생하게 된다.

### (1) 지상권

지상권이란 타인의 토지에 건물 기타 공작물이나 수목을 소유하기 위하여 그 토지를 사용할 수 있는 용익물권을 말한다. 지상권은 물권이라는 특성으로 인하여 지상권설정자(대부분 토지소유자)에게 뿐만 아니라 다른 제3자(예컨대 토지의 양수인 등)에게도 자신의 권리를 주장할 수 있으며, 토지소유자의 의사에 무관하게 권리를 양도할 수 있으며 그 토지를 사용하고자 하는 제3자에게 임대하여 타인에게 사용하게 할 수 있다.

### (2) 지역권

지역권이란 일정한 목적을 위하여 타인의 토지를 자기 토지의 편익을 위하여 이용할 수 있는 용익물권을 말한다. 예컨대 甲토지의 소유자가 乙토지를 통행하기 위하여 또는 乙토지를 통과하여 引水(물을 끌어 들인다)하기 위하여 乙토지를 이용하는 용익물권이다. 이 지역권은 요역지(甲토지)의 소유자와 승역지(乙토지)의 소유자가 지역권설정계약을 체결하고 이를 등기하여 효력이 발생하는 것이 일반적이지만, 요역지의 지상권자·전세권자·임차인도 그 권한의 범위내에서 지상권설정계약을 체결할 수 있다. 요역지의 임차인이 지역권을 취득한 경우 요역지의 임차인(즉 지상권자)는 그 권리를 타인에게 양도할 수도 있다.

### (3) 전세권

전세권이란 전세금을 지급하고 타인의 '부동산(토지와 건물)'을 점유하여 그 용도에 좇아 사용 수익하고 전세권이 소멸하면 그 부동산으로부터 전세금을 우선 변제받을 수 있는 물권을 말한다. 전세권자는 부동산을 이용한다는 점에서 용익물권적 성격을 가지고 부동산 전부에 대하여 후순위기타 채권자보다 전세금의 우선변제를 받을 수 있는 권리가 있다는 점에서 담보물권적 성격도 가진다고 할 수 있다. 물권이라는 점에서 제3자에 대하여 자신의 권리를 주장할 수 있고 전세권 자체를 처분하거나 담보로 제공할 수 있기도 한다.

## 3) 담보물권

채권자가 장래에 이행이 불분명한 채권의 만족을 받기 위하여 채무자 또는 제3자 소유의 특정한 물건으로 채권을 담보하는 것으로 채무자의 채무불이행이 있으면 채권자가 그 물건을 현금화하여 그 매각대금으로부터 우선변제를 받는 방법으로 채권을 확보하는 물권을 설정할 수 있는데 이를 담보물권이라고 한다. 민법상 담보물권은 유치권. 질권, 저당권이 있다.

### (1) 유치권

유치권이란 타인의 물건 또는 유가 증권을 점유한 자가 그 물건이나 유가증권에 관하여 생긴 채권을 가지는 경우, 그 채권을 변제받을 때까지 그 물건 또는 유가증권을 유지할 수 있는 담보물권이다. 자동차를 수리한 자가 그 자동차를 점유하는 경우나 건물을 수리한 자가 그 건물 점유하는 경우 가지는 수리채권을 확보하기 위하여 견련성이 있는 물건을 점유하는 사람이 가지는 물권이라고 할 수 있다. 유치권자는 우선변제권은 없지만 채권을 확보할 수 있을 때까지 물건을 반환하지 않아도 되어 사실상 우선변제권을 가진다고 할 수 있다. 동산이나 부동산 모두에 설정될 수 있고 부동산에 설정되더라도 등기가 필요하지 않다. 유치권은 당사자의 의사에 무관하게 특정한 관계라는 사실적 상태가 만들어지면 바로 성립하기 때문에 성립에 별도의 설정행위가 필요하지 않다.

### (2) 질권

채권자가 채권담보로 채무자 또는 제3자로부터 받은 '동산' 또는 '재산권'을 유치하고. 채무의 변제가 없는 때에는 그 목적물로부터 우선적으로 변제를 받을 수 있는 물권이 질권이다. 부동산은 질권의 객체가 될 수 없고, 질권설정계약이라는 계약을 체결하여야 하고 또한 동산 및 재산권에 대한 따른 공시방법을 갖추어야 성립할 수 있다. 즉 동산의 경우에는 질권설정자가 질권자에게 동산을 인도하여야 하고 권리의 객체가 특허권인 경우에는 질권이 설정되어 있다는 것을 등록하여야 한다. 질권의 객체가 채권인 경우에는 채권의 종류에 따라 배서·교부하거나 단순 교부하여야 하는 경우가 있다. 채무자가 채무를 이행하지 못한 경우에는 질권자는 질물로 제공된 동산이나 권리를 처분하여 그 처분금액으로부터 우선하여 이행받을 수 있게 된다.

### (3) 저당권

저당권이란 채무자 또는 제3자가 채무담보로 제공한 부동산 기타 목적물의 점유를 채권자가 이전받지 않고 채무변제가 없을 때에는 그 목적물로부터 우선변제를 받을 수 있는 담보물권을 말한다. 저당권은 부동산을 객체로 하고 당사자 사이에 저당권설정등기가 있어야 한다는 점에서 질권과 다른 면이 있다. 하나의 물건에 저당권이 다수 존재할 수 있고 저당권이 다수 존재하는 경우 먼저 성립한 저당권이 선순위저당권이 된다. 선순위저당권자는 후순위저당권자에 비하여 우선하여 변제를 받을 수 있게 때문에 저당권의 순위는 굉장히 중요하다.

## 6. 생각해볼 문제

갑은 을에게 금전을 대여하여 주면서 대여된 금액에 대한 채권을 확보하고자 한다. 이 경우 가장 안전하게 대금채권을 확보하기 위하여 을이나 을의 재산에 대하여 파악하여야 할 것에 대하여 말해보자.

## 제4절 채권

### 1. 채권의 특징

물권과 채권은 모두 재산권을 객체로 하고 있다는 점에서 동일한 측면이 있다. 그러나 물권은 물건을 직접적으로 지배하는 것을 내용으로 하지만, 채권은 채권자가 타인(채무자)에 일정한 행위를 청구할 수 있다는 점에서 물권과 다른 측면이 있다. 물권을 가진 자는 자신의 권리를 누구에게나 주장할 수 있지만, 채권을 가진 사람은 자신의 권리를 채무자에게만 주장할 수 있지 타인에게 주장할 수 없다는 점에서도 물권과 채권은 차이가 있다.

채권의 임차권과 물권인 전세권의 예를 들어 채권과 물권의 차이를 설명하면 다음과 같다.

|  | 임차권(채권) | 전세권(물권) |
|---|---|---|
| 성립 | 당사자의 계약만으로 성립 | 설정등기가 필요함 |
| 권리의 내용 | 청구권적 권리 | 지배권 |
| 제3자에게 자신의 권리주장 | 제3자에게 주장불가 | 제3자에게 주장가능 |
| 처분의 자유 | 임대인의 허락을 얻어 처분가능 | 전세권설정자의 동의 없이 처분가능 |
| 경매의 종류 | 강제경매 | 임의경매 |
| 객체를 경매한 경우 우선변제 | 원칙적으로 불가 | 물권의 순서에 따라 보호받음 |

채권에 관련되는 부분은 채권의 발생에 해당하는 부분과 채권의 이행 등에 해당하는 부분으로 나누어질 수 있다. 채권의 발생에 해당하는 부분은 소위 채권의 각론에 해당하는 부분이다. 여기에서는 채권의 형성과 내용, 소멸에 대해서 간략하게 설명하기로 한다.

### 2. 채권의 발생

채권은 법률행위에 의하여 발생하는 경우와 법률의 규정에 의하여 발생하는 경우로 나누어 질 수 있다.

실제 생활에서 채권이 발생하는 가장 많은 원인은 법률행위(계약)이다. 우리 민법은 15종의 전형계약(典型契約)을 정하고 있고, 이 전형계약 외에도 수많은 계약이 존재할 수 있다. 일반적으로 계약의 당사자는 계약을 통하여 타인의 재산권을 이전받기로 하고(증여, 매매, 교환 등), 타인의 물건을 이용하기도 하며(소비대차, 사용대차, 임대차 등), 타인으로부터 일정한 서비스를 제공받기도 한다(고용, 도급, 여행계약, 위임). 전형계약은 하나의 형태일 뿐이고 이러한 내용으로 계약을 체결해야 한다는 것은 아니다. 당사자는 계약의 내용과 형식을 자유로이 설정할 수 있으며, 계약의 내용은 상상할 수 없을 정도로 많다. 계약에서 정해진 권리와 의무는 강행법규의 위반이라는 사정이 없는 한, 당사자의 권리와 의무를 생성하게 된다. 계약의 내용이 명확하지 않은 경우에는 계약의 의미를 해석하여 권리와 의무의 내용을 확정할 수 있다.

계약외에 채권을 발생시킬 수 원인은 여러 가지가 있지만, 사무관리, 부당이득, 불법행위로 채권이 발생할 수 있다. 사무관리는 법률상 또는 계약상 의무가 없음에도 불구하고 타인의 사무를 처리하는 사람(관리자)이 타인사무의 비용을 청구할 수 있고(민법 제739조) 또한 그 사람이 과실없이 입은 손해의 보상을 청구(민법 제740조)할 수 있도록 규정하고 있다. 사무관리자가 가지는 비용청구권이나 손해배상청구권은 채권에 해당한다. 법률상 또는 계약상의 타인의 미성년자녀를 돌보아야 할 의무가 없음에도 타인의 자녀를 돌보는 것 등이 이에 속한다고 할 수 있다. 그리고 타인의 고의 또는 과실로 인한 위법행위로 손해를 입은 사람은 위법한 행위를 한 사람에 손해배상을 청구할 권리(민법 제750조)가 있다. 교통사고로 인한 손해배상은 이에 속한다. 이 손해배상청구권도 채권의 일종이다. 또한 법률상 원인없이 타인에게 재산 또는 노무로 인하여 이익을 받고 이로 인하여 타인의 손해를 가한 사람은 이익을 받은 사람이 손해를 입은 사람에게 자신이 받은 이익을 반환해야 한다(민법 제741조)고 규정하고 있는데, 이를 부당이득 반환청구권이라고 한다. 계약이 어떤 원인으로 무효로 된 경우 무효인줄 모르고 이행한 것이 있다면 이행한 부분은 원인없이 이행한 것이므로 이행한 자가 이행을 받은 자에게 그 이행한 것의 반환을 청구할 수 있는데, 이것도 부당이득의 반환의 한 예이다. 손해를 입은 자가 이익을 얻은 자에게 청구할 수 있는 사람에게 청구할 수 있는 부당이득반환청구권도 채권이다. 단 부당이득으로 반환하여야 하는 경우에도 불법의 원인으로 재산을 급여하거나 노무를 제공한 때에는 그 이익의 반환을 청구할 수 없다(민법 제746조). 그러나 '불법의 원인'이라는 의미는 명확하지 않다. '부동산 실권리자명의 등기에 관한 법률'에서는 부동산은 실권리자의 이름으로 등기하도록 규정하지만, 이 법률에 위반하여 등기를 이전해준 것이 불법원인의 급여에 해당하는가가 쟁점이 되는 경우가 있어 소개하기로 한다.

> 대법원 2019. 6. 20. 선고 2013다218156 전원합의체 판결

### 1) 사실관계

원고의 부(父)는 1998. 11. 27. 당해농지에 대하여 소유권을 취득하였으나 당진군수로 농지를 소유할 자격이 없다는 이유로 『농지처분의무 통지』를 받았고, 피고의 부(父)에게 명의신탁하였다. 원고의 부와 피고의 부는 사망하였고, 원고가 피고를 상대로 명의수탁자를 상대로 등기의 말소를 구하였다. 제1심법원에서는

원고가 승소하였고, 제2심법원에서 피고의 항소가 기각되었다.

### 2) 공개변론과정

명의신탁 부동산, 돌려받을 수 있나요?(https://youtu.be/ESlWgaIasrY)

### 3) 대법원의 판결

부동산 실권리자명의 등기에 관한 법률을 위반하여 무효인 명의신탁약정에 따라 명의수탁자 명의로 등기를 한 경우, 명의신탁자가 명의수탁자를 상대로 그 등기의 말소를 구하는 것이 민법 제746조의 불법원인급여를 이유로 금지되지 않는다.

## 3. 채권의 효력

채무자는 정해진 채무를 이행하여야 한다. 그런데 채무자가 위법하게 채무자의 귀책사유로 인하여 자신의 채무를 이행하지 않은 경우 채무자는 채무불이행 책임을 지게 된다. 이 경우 채권자는 채무자를 상대로 법원에 강제이행을 청구할 수도 있고, 손해배상을 청구할 수도 있다. 그리고 채무가 계약으로 인하여 형성된 경우에는 채권자는 계약상대방에 대하여 계약을 해제(또는 해지)할 수도 있다.

## 4. 채권의 소멸

채권은 다음과 같은 것을 원인으로 소멸될 수 있다고 규정하고 있다.

채무자가 채무의 내용에 좇은 이행을 한 경우 채권은 소멸되고 채무자는 채무를 면하게 된다.  채무의 내용에 좇은 이행을 '변제'라고 한다(민법 제460조).

변제자가 채권자에게 변제하려고 하여 채권자가 변제를 받지 아니하거나 받을 수 없는 경우에는 변제자가 채권자를 위하여 목적물을 공탁하여 그 채무를 면할 수 있다. 공탁은 채무이행지의 공탁소에 하여야 하며 법원이 공탁소를 지정하면 이 지정된 공탁소에 공탁하면 된다(민법 제487조·제488조).

채무자와 채권자가 서로 같은 종류를 목적으로 한 채무를 부담한 경우에는 그 쌍방의 채무의 이행기가 도래한 때에는 각 채무자는 대등액에 관하여 상계할 수 있는데, 일방이 상계를 한 경우 그 한도내에서 각 당사자의 채무는 소멸된다(민법 제492조).

채무자와 채권자가 채무의 중요한 부분을 변경하는 계약을 한 때에는 구채무는 소멸된다. 이를 경개라고 한다(민법 제500조).

채권자가 채무자에게 채무를 면제하는 의사를 표시한 경우에는 채권은 소멸된다. 면제는 채권자의 일방적인 의사표시만으로 성립되며 채무를 소멸시키지만, 면제로써 정당한 이익을 가진 제삼자에게 대항하지 못한다(민법 제506조).

채권과 채무가 동일한 주체에게 귀속한 때에는 채권은 소멸된다. 이를 혼동이라고 하고 혼동으로 채권은 소멸되지만, 혼동에는 채권자나 채무자의 의사가 필요없이 단순히 채권과 채무가 동일한 주체에게 귀속한다는 사실만으로 채권이 소멸한다. 다만 채권이 제삼자의 권리의 목적인 때에는 채권이 소멸되지는 않는다(민법 제507조).

## 5. 생각해보아야 할 문제

갑은 자신이 살 집을 구하고 있었는데, 자신이 생각하는 이상적인 집을 찾게 되었다. 갑은 어떠한 과정을 가지고 어떠한 권리를 가지고 이용할 수 있는지를 생각해보고, 각각의 방법의 장점과 단점을 생각해보자.

# 1. 친족상속법

친족상속편은 민법중 가족관계, 즉 남녀의 성적결합과 부모·자식관계(제4편 친족), 유언 및 상속관계(제5편 상속)를 규율하는 상속법으로 이루어져 있다. 친족 상속법은 민법의 재산편 보다는 그 사회의 특수성을 반영되는 것이 일반적이어서 관습법이 중요한 역할을 해오고 있다. 또한　세계가족법의 이념들이 우리 가족법에 투영되기도 한다. 세계가족법분야의 발전으로 생겨난 이념은 '가정내의 양성평등성'과 '자의 복지'이다. 우리 가족법에서도 가정내의 양성평등성과 자의 복지라는 이념은 가족법을 형성하는 기둥이 되어 있다.

# 2. 친족법중 혼인

민법 제4편은 남녀간의 혼인, 부모와 자, 후견, 부양 등의 문제를 다룬다.

혼인이 성립하기 위해서는 유효하게 성립하기 위해서는 ① 당사자가간에 혼인의 의사가 있을 것 ② 당사자가 혼인하기 위해서는 남녀가 각각 18세 이상이 되어야 하고 ③ 혼인 당사자인 남녀가 미성년자인 경우에는 법정대리인의 동의를 얻어 혼인하여야 한다. ④ 혼인자가 일정한 근친자간의 혼인이 아니어야 하고 ⑤ 중혼이 아니어야 한다. 그리고 ⑥ 혼인신고가 수리되어야 한다.

당사자들의 혼인이 혼인의 성립요건을 충족하지 못한 경우에는 그 혼인은 무효가 되거나 취소할 수 있는 혼인이 된다. 혼인의 성립요건 중 실질적인 혼인의 의사는 혼인신고서를 작성할 때 뿐아니라 혼인신고가 수리될 때에도 혼인의 의사가 존재하여야 한다.

혼인이 성립하는 경우 당사자간에는 서로 친족이 되고 상대방이 사망한 경우에 배우자가 상속인이 된다. 부부는 서로 동거해야할 의무가 있고 서로 부양해야 할 의무가 있다. 그리고 협조의무와 정조를 지켜야만 해야 할 의무가 있다.

# 3. 이혼

## 1) 이혼의 종류

유효하게 성립한 혼인도 배우자의 사망과 이혼으로 해소된다. 이혼은 당사자 일방이 사망나 이에 준하는 원인이 존재하지 않음에도 불구하고 당사자의 의사 또는 법원의 판단에 의하여 혼인관계를 종료시키는 것을 의미한다. 협의이혼은 당사자들이 이혼에 협의를 거쳐 하는 이혼의사의 합치가 있어 하는 이혼을 말한다. 협의이혼시에도 가정법원의 확인을 받아 이혼하여야 하며 가정법원의 이혼의사확인을 받은 후 이혼신고를 함으로써 이혼이 된다.

　재판상 이혼이란 당사자 한쪽의 청구로 법원의 판결에 의하여 혼인을 해소하는 것을 말한다. 재판상 이혼은 이혼에 대하여 협의가 되지 않았기 때문에 이혼을 허용하거나 허용하지 않거나 어느 일방의 의사에 반하게 되는 것이므로, 우리 민법은 이혼을 반대하는 측에게 특별히 책임져야 할 사유가 있어야 한다는 입법주의를 취하고 있다. 민법은 재판상 이혼 사유(민법 제840조)로 ① 배우자에 부정(不貞)한 행위가 있을 때(제1호) ② 배우자의 악의의 유기한 때(제2호) ③ 배우자 또는 그 직계존속에 의한 심히 부당한 대우를 받았을 때(제3호) ④ 자기의 직계존속에 대한 배우자의 심히 부당한 대우를 받았을 때(제4호) ⑤ 배우자의 생사가 3년 이상 분명하지 아니한 때(제5호) ⑥ 기타 혼인을 계속하기 어려운 중대한 사유가 있을 때(제6호)를 규정하고 있다.

## 2) 유책배우자의 이혼청구

### (1) 유책주의와 파탄주의

　재판상 이혼에서 쟁점이 되고 있는 것중 하나가 혼인의 파탄에 책임이 있는 사람도 이혼을 청구할 수 있는가의 문제이다. 혼인의 파탄에 책임이 없는 당사자만이 이혼을 청구할 수 있다고 주장하는 견해를 유책주의라고 하고, 혼인의 파탄에 책임이 있는 당사자도 이혼을 청구할 수 있다고 하는 견해를 파탄주의하고 한다. 유책주의와 파탄주의의 주장을 팽팽하게 대립하고 있으며, 어느 일방의 입장이 우위에 있다고 할 수 없는 것이 현실이다. 이들의 주장은 잘 펼쳐진 것이 2015년 전원합의체판결에서의 변론과정에서 잘 나타났다고 할 수 있다.

### (2) 대법원 2015. 9. 15. 선고 2013므568 전원합의체 판결

#### 가. 사실관계

　원고(남편)와 피고(아내)는 1976년 혼인신고를 마친 법률상 부부로서 슬하에 성년이 된 세 자녀를 두고 있다. 원고와 피고는 혼인생활 중, 원고의 늦은 귀가, 잦은 음주, 외박 등으로 인해 잦은 다툼이 있었다. 원고는 1996년경 상간녀를 만나 교제 하면서 상간녀 집을 왕래했고, 상간녀와의 사이에 딸을 뒀다. 원고는 피고가 원고와 상간녀의 관계를 알게 되면서 원고와 피고 사이의 갈등이 깊어지자, 1999년 12월경 명예퇴직을 하고 피고와 더 이상 함께 지낼 수 없다는 생각에 2000년 1월경 집을 나와 현재까지 상간녀와 동거하고 있다. 원고는 피고와 별거 중에도 자녀들의 학비를 부담하고 피고에게 생활비 명목으로 월 100만원정도를 지급했는데, 신장투석으로 힘든 과정에서 2011년 말경 피고와 자녀들에게 신장이식에 관한 이야기를 했다가 거절을 당했다. 이후 피고와의 혼인관계를 정리해야겠다는 생각을 하게 되면서 2012년 1월부터 피고에게 생활비를 지급하지 않고 있다. 원고는 현재 동거 중인 상간녀와 사이에 중학생인 자녀가 있고, 병든 원고를 보살피고 있는 사람이 상간녀이므로 피고와의 혼인관계를 더 이상 유지할 수 없다고 주장하며 이혼을 강력히 원하고 있다. 반면, 피고는 원고가 돌아올 것이라는 믿음이 있고 미혼인 두 자녀 때문이라도 원고의 이혼에 동의할 수 없다고 한다. 제2심법원의 판결은 원고의 청구가 기각되었다(이혼을 허용하지 않음).

### 나. 공개변론과정

유책배우자의 이혼 청구 사건에 관한 대법원 전원합의체 공개변론 영상 (https://youtu.be/Vf9u2dZlMlI)

### 다. 대법원의 판단

이런 과정을 통하여 법원이 판단한 것이 대법원 2015. 9. 15. 선고 2013므568 전원합의체 판결이다. 이 판결에서는 다수의 의견과 소수의 나왔지만, 결론적으로 상고는 기각되었다(이혼을 허용하지 않음). 이 판결에서 대법원은 이혼허용을 여부에 대해서는 다음과 같이 말하고 있다.

혼인관계가 파탄되었음에도 유책배우자가 이혼을 청구하고 상대방이 이를 거부한다는 사정만으로 일률적으로 이혼청구를 배척하는 것은 더 이상 이혼을 둘러싼 갈등 해소에 적절하고 합리적인 해결 방안이라고 보기 어렵다. 부부공동생활관계가 회복할 수 없을 정도로 파탄된 경우에는 원칙적으로 제6호 이혼사유에 해당하지만, 이혼으로 인하여 파탄에 책임 없는 상대방 배우자가 정신적·사회적·경제적으로 심히 가혹한 상태에 놓이는 경우, 부모의 이혼이 자녀의 양육·교육·복지를 심각하게 해치는 경우, 혼인기간 중에 고의로 장기간 부양의무 및 양육의무를 저버린 경우, 이혼에 대비하여 책임재산을 은닉하는 등 재산분할, 위자료의 이행을 의도적으로 회피하여 상대방 배우자를 곤궁에 빠뜨리는 경우 등과 같이, 유책배우자의 이혼청구를 인용한다면 상대방 배우자나 자녀의 이익을 심각하게 해치는 결과를 가져와 정의·공평의 관념에 현저히 반하는 객관적인 사정이 있는 경우에는 헌법이 보장하는 혼인과 가족제도를 형해화할 우려가 있으므로, 그와 같은 객관적인 사정이 부존재하는 경우에 한하여 제6호 이혼사유가 있다고 해석하는 것이 혼인을 제도적으로 보장한 헌법 정신에 부합한다. 혼인파탄에 책임이 없는 배우자에 대하여 재판상 이혼을 허용할 경우에도, 혼인관계 파탄으로 입은 정신적 고통에 대한 위자료의 액수를 정할 때에 주된 책임이 있는 배우자의 유책성을 충분히 반영함으로써 혼인 해소에 대한 책임을 지우고 상대방 배우자에게 실질적인 손해 배상이 이루어질 수 있도록 하며, 재산분할의 비율·액수를 정할 때에도 혼인 중에 이룩한 재산관계의 청산뿐 아니라 부양적 요소를 충분히 반영하여 상대방 배우자가 이혼 후에도 혼인 중에 못지않은 생활을 보장받을 수 있도록 함으로써, 이혼청구 배우자의 귀책사유와 상대방 배우자를 위한 보호 및 배려 사이에 균형과 조화를 도모하여야 한다.

### 라. 전원합의체 판결후의 판결(대법원 2020. 11. 12. 선고 2020므11818사건)

2015년 전원합의체 판결후에도 재판상 이혼 허용여부에 대한 판단은 계속이어지고 있으며 유책배우자의 이혼청구를 허용해야 할 이유에 대해서도 각기 다를 수 있다. 2020년의 판례에서는 유책배우자가 이혼을 청구하였음에도 불구하고 이혼을 허용해야 하는가를 판단할 때 고려하여야할 요소로서 "미성년자녀의 복지"를 들고 있기도 한다.

### (3) 생각해보아야 할 문제

유책배우자가 이혼을 청구한 경우 이혼을 허용하여야 할 것인지를 판단할 때 고려되어야 할 요소로서 어떤 것이 있는지 생각해보자.

## 3) 이혼의 효과

이혼에 의하여 배우자 사이의 관계는 소멸하지만, 자녀의 친권자결정, 면접교섭권, 재산분할청구권 등의 문제가 발생한다.

### (1) 자녀에 대한 효과

부모가 이혼하면 친권을 공동으로 행사하기 어려움으로 친권자를 정할 필요가 있다. 부모가 이혼하는 경우 부모의 협의로 친권자를 지정하여야 하고, 협의가 이루어지지 않은 경우에는 가정법원이 직권 또는 당사자의 청구에 따라 친권자를 지정하도록 되어 있다(민법 제908조 제4항). 이혼하는 부모는 그 자녀의 양육에 관한 사항을 협의하여 정하여야 하며, 협의에는 양육자의 결정, 양육비용의 부담, 면접교섭권의 행사 여부 및 그 방법이 포함되어야 한다, 자녀를 양육하지 않은 부모는 그 자녀가 상호간에 직접 만나거나 서신교환·방문·숙박과 같은 접촉할 권리를 가진다(면접교섭권). 기본적으로 자녀에 관한 문제는 이혼하는 부부가 협의하여 결정허여야 하지만, 이를 결정함에 있어 자의 복지에 적합한가라는 기준을 참작되어야 한다.

### (2) 재산분할청구권

#### 가. 재산분할청구권의 내용

혼인이 계속중인 경우에는 부부의 공유이던 재산을 부부가 이혼하면 분할하여야 한다. 부부중의 일방이 가족공유재산의 분할하여 달라고 청구할 수 있는 권리를 재산분할청구권이라고 한다. 그런데 어느 재산이 가족 공유의 재산인지 명확하지 않아 이에 대한 분쟁이 많다.

#### 나. 대법원 2014. 7. 16. 선고 2013므2250 전원합의체 판결

대법원에서는 일방 배우자가 퇴직하지 않은 상태에 이혼을 하는 경우 장래에 받을 퇴직급여가 재산분할의 대상이 되는가에 대해서 재판이 진행에 되었다. 이에 대해서는 공개변론이 있어 소개하기로 한다.

#### 가) 사실관계

원고는 1970년생으로 1992년경부터 현재까지 사립학교 교원으로 근무하고 있고,

2011. 7. 29. 기준으로 예상퇴직일시금은 86,014,920원, 예상퇴직수당은 24,927,350원이다. 반면에 피고는 1970년생으로 2001년경부터 현재까지 정부출연 연구소의 연구원으로 재직 중이고, 2011. 7. 13. 기준으로 예상퇴직금은 39,601,000원이며 정년은 61세인 사람이다. 피고는 원심 변론과정에서나 상고이유에서 위 예상퇴직급여액을 기준으로 퇴직급여채권을 분할하여 달라고 요구하였다. 피고는 제2심법원에서 원고의 장래의 퇴직급여금은 재산분할의 대상이라고 주장하였고, 제2심법원은 재산분할의 대상이 아니라고 판단하였다.

### 나) 대법원에서의 공개변론과정은 다음과 같다.
장래의 퇴직급여 재산분할사건에 관한 대법원 전원합의체 공개변론
(https://youtu.be/sxZrcNeOTaw)

### 다) 대법원의 판단
이러한 변론과정을 통하여 판결은 다음과 같은 결론을 맺었다.


퇴직급여는 사회보장적 급여로서의 성격 외에 임금의 후불적 성격과 성실한 근무에 대한 공로보상적 성격도 지닌다. 그리고 이러한 퇴직급여를 수령하기 위하여는 일정기간 근무할 것이 요구되는바, 그와 같이 근무함에 있어 상대방 배우자의 협력이 기여한 것으로 인정된다면 그 퇴직급여 역시 부부 쌍방의 협력으로 이룩한 재산으로서 재산분할의 대상이 될 수 있다. 퇴직급여채권은 퇴직이라는 급여의 사유가 발생함으로써 현실화되는 것이므로, 이혼 시점에서는 어느 정도의 불확실성이나 변동가능성을 지닐 수밖에 없다. 그러나 그렇다고 하여 퇴직급여채권을 재산분할의 대상에서 제외하고 단지 장래의 수령가능성을 재산분할의 액수와 방법을 정하는 데 필요한 기타 사정으로만 참작하는 것은 부부가 혼인 중 형성한 재산관계를 이혼에 즈음하여 청산·분배하는 것을 본질로 하는 재산분할제도의 취지에 맞지 않고, 당사자 사이의 실질적 공평에도 반하여 부당하다. 위와 같은 재산분할제도의 취지 및 여러 사정들에 비추어 볼 때, 비록 이혼 당시 부부 일방이 아직 재직 중이어서 실제 퇴직급여를 수령하지 않았더라도 이혼소송의 사실심 변론종결 시에 이미 잠재적으로 존재하여 경제적 가치의 현실적 평가가 가능한 재산인 퇴직급여채권은 재산분할의 대상에 포함시킬 수 있으며, 구체적으로는 이혼소송의 사실심 변론종결 시를 기준으로 그 시점에서 퇴직할 경우 수령할 수 있을 것으로 예상되는 퇴직급여 상당액의 채권이 그 대상이 된다.

# Chapter 03

# 형사법

강의 노트

## 제1절 형법의 의의와 정당성

### 1. 형법의 의의

형법이란 범죄의 성립요건과 형벌 또는 보안처분을 내용으로 하는 법규범의 총체를 말한다. 즉 어떠한 행위가 범죄이고 그 범죄에 대한 법률효과로서 어떠한 형벌 또는 보안처분을 부과할 것인가를 규정한 법규범을 말한다.

이 가운데 가장 중요한 형법규범은 1953년 9월 18일 법률 제293호로 공포되고, 같은 해 10월 3일부터 시행된 형법전을 의미한다(협의의 형법). 형법전은 총칙과 각칙으로 나뉘며, 총칙에서는 범죄와 형벌의 일반적인 요소를 규정하고, 각칙은 실질적 형법의 핵심이라고 할 수 있는 구체적인 범죄와 이에 대한 형벌을 규정하고 있다. 그러나 이 외에도 많은 특별형법 및 행정형법 등에 범죄와 이에 대한 법률효과에 관한 규정이 포함되어 있다(국가보안법, 군형법, 폭력행위 등 처벌에 관한 법률, 특정범죄가중처벌 등에 관한 법률, 관세법, 도로교통법, 식품위생법 등). 이들 모두를 포함한 형사처벌규정을 광의의 형법이라 하며, 형법학의 연구대상이 된다.

### 2. 인권 보호를 위한 최후수단으로서 형법 - 정당성 -

인권(개인의 자유와 권리)을 보호하기 위한 법에는 형법뿐만 아니라 헌법, 민법, 행정법, 상법, 노동법 등 수많은 법률들이 있다. 형법은 다른 법률이 가지고 있는 강제수단과는 달리 형벌이라는 극단적인 수단을 사용한다는 점에서 차이가 있다.

공동체생활을 위하여 필요한 가치 가운데 법을 통해서라도 보호해야 하는 가치를 법익이라고 하며, 이러한 법익 가운데 특별히 중요하고 본질적인 법익들은 형벌이라는 수단을 통해서만 최소한이라도 보호될 수 있다는 점에서 그 필요성이 인정된다. 다만 필요성이 인정된다고 형벌이 무제한 허용될 수는 없을 것이므로, 죄형법정주의라는 형법의 지도이념에 의해 제한이 된다. 죄형법정주의란 어떤 행위가 범죄이며 범죄에 대하여 어떠한 형벌이 부과될 것인지를 미리 법률로 정해야 한다는 원칙을 말하며, 구체적으로는 ① 형법은 원칙적으로 성문의 법률에 의해야 하며, 따라서 관습형법은 행위자에게 유리한 경우를 제외하고는 허용되지 않는다는 법률주의(관습형법금지원칙), ② 가벌적인 행위(범죄구성요건)와 그 법률효과로서의 형벌(형벌구성요건)은 충분히 명확성을 확보하여야 한다는 명확성원칙, ③ 형법은 제정 또는 개정 이후의 행위에 대하여만 적용되어야 하며, 따라서 원칙적으로 소급효를 허용해서는 안 되며, 다만 행위자에게 유리한 소급효는 인정된다고 하는 소급효금지원칙, ④ 입법의 흠결이 있는 경우에는 아무리 당벌성이 인정되더라도 행위자에게 불이익을 줄 수 없으며, 따라서 유사한 법규정을 유추 적용하는 것은 허용되지 않는다는 유추금지원칙이 인정되고 있으며, 이러한 원칙들은 형법의 보장기능과 함께 특히 범죄자의 마그나카르타로서 기능한다. 이러한 죄형법정주의로 인하여 인권(법익)보호를 위한 최후수단으로서 형법의 정당성이 인정된다.

## 제2절  범죄와 형벌

### 1. 범죄란 무엇인가

범죄의 개념에는 실질적 범죄개념과 형식적 범죄개념으로 구별한다. 실질적 범죄개념이란 구체적인 입법을 전제하지 않고 범죄가 되기 위해서는 어떠한 본질 또는 실질을 갖추어야 하는지의 관점에서 말하는 범죄개념이며, 일반적으로 법익을 침해하고(법익침해성) 사회에 유해한(사회적 유해성)한 행위가 실질적 범죄라고 한다. 형식적 범죄개념이란 특정한 국가의 실정법에서 범죄를 어떻게 이해하고 규정하고 있는지의 관점에서 말하는 범죄개념이며, 보통 구성요건에 해당하고 위법하며 책임 있는 행위가 형식적 범죄라고 한다.

형법학에서 다루는 범죄개념은 형식적 범죄개념이며, 특히 우리나라 형법에서 범죄를 어떻게 규정하고 있는지를 분석한 개념이다. 이에 대하여 좀 더 자세히 설명하면, "구성요건"이란 입법자가 법률로 규정한 불법행위위형, 즉 범죄유형을 말하므로, "구성요건"에 해당한다는 것은 어떠한 행위가 특정한 범죄유형(예컨대 살인, 상해, 절도 등)의 표지와 일치하는 것을 의미하며, "위법성"이란 구성요건에 해당하는 행위에 대하여 일반적으로 모든 사람을 구속하는 법질서의 행위규범에 반한다는 명시적인 부정적 가치판단을 나타내며, "책임"이란 그의 행위로 인하여 행위자에 대한 개인적 비난가능성을 말한다. 특히 구성요건의 구체적 내용에 따라서 고의범과 과실범, 기수범과 미수범, 작위범과 부작위범으로 구별되며, 그 외에도 단독범과 공동정범, 간접정범, 동시범, 좁은 의미의 공범으로서 교사범과 방조범 등으로 나뉜다. '형법총론'이라는 교과목에서 이들 내용에 대하여 자세하게 배우게 된다.

### 2. 형벌이란 무엇인가

형벌이란 범죄에 대하여 부과되는 제재수단으로 본질적으로 폭력성과 침해성을 지닌다. 우리 형법은 사형·징역·금고·자격상실·자격정지·벌금·구류·과료·몰수의 9가지가 있다. 이를 형벌에 의해 박탈되는 법익의 종류에 따라 생명형, 자유형, 재산형 및 명예형의 네 종류로 분류할 수 있는데, 형벌 가운데 사형은 생명형이고, 징역·금고·구류는 자유형이며, 자격정지·자격상실은 명예형 그리고 벌금·과료 및 몰수는 재산형이다. 다만 몰수는 부가형이다.

#### 1) 생명형

생명형이란 수형자의 생명을 박탈하는 것을 내용으로 하는 형벌로서, 우리 형법은 사형을 인정하고 있다. 집행방법에는 교수·총살·참수·전기살·가스살·주사살·석살 및 교살 등이 있다. 우리 형법은 교수형을 규정하며, 군형법은 총살형을 인정하고 있다. 사형과 관련하여 폐지론과 존치론의 견해대립이 있다.

### 2) 자유형

자유형이란 수형자의 신체적 자유를 박탈하는 것을 내용으로 하는 형벌로서, 우리 형법은 징역(수형자를 교도소 내에 구치하여 정역에 복무하게 하는 것을 내용으로 하는 자유형)·금고(수형자를 교도소 내에 구치하여 자유를 박탈) 및 구류(수형자를 교도소 내에 구치. 기간이 1일 이상 30일 미만임)의 3 종류를 인정하고 있다. 자유형과 관련하여 자유형의 단일화와 단기자유형의 제한 등이 문제되고 있다.

### 3) 재산형

재산형이란 범죄자로부터 일정한 재산을 박탈하는 것을 내용으로 하는 형벌로서, 우리 형법은 벌금(범죄인에 대하여 일정한 금액의 지불의무를 강제적으로 부담케 하는 형벌)·과료(금액이 2천 원 이상 5만 원 미만인 점에서 벌금과 구별됨) 및 몰수(범죄반복의 방지나 범죄에 의한 이득의 금지를 목적으로 범죄행위와 관련된 재산을 박탈하는 형벌, 원칙적으로 부과형임)이 인정되고 있다. 재산형과 관련하여 총액벌금형제도 대신에 일수벌금형제도의 도입, 벌금의 분납제도, 벌금형의 집행유예제도 등이 논의되고 있다.

### 4) 명예형

명예형이란 범죄자의 명예 또는 자격을 박탈하는 것을 내용으로 하는 형벌로서, 우리 형법은 자격상실(일정한 형선고의 효력으로서 당연히 일정한 자격이 상실되는 것)과 자격정지(일정기간 동안 일정한 자격의 전부 또는 일부를 정지시키는 것)를 인정하고 있다.

## 3. 영화와 형법

### 1) 배경

2017년 10월 개봉작인 "범죄도시"는 서울 가리봉동 차이나타운을 배경으로 한 영화이며, 실제 '왕건이파'로 활동했던 조선족들을 살인미수 혐의로 구속한 사건과 서울 가리봉동 차이나타운을 거점으로 조직된 '흑사파'를 구속 및 입건한 사건을 섞어서 각색한 영화이다.

## 2) 줄거리

2004년 서울. 도시 일대의 최강자로 급부상한 신흥범죄조직의 악랄한 보스 '장첸(윤계상 분)'은 하얼빈에서 넘어와 단숨에 기존 조직들을 장악하고 가장 강력한 세력인 춘식이파 보스 '황사장(조재윤 분)'까지 위협하며 일대를 장악한다. 이곳의 터주대감인 괴물형사 '마석도(마동석 분)'와 인간미 넘치는 든든한 리더 '전일만(최귀화 분)' 반장이 이끄는 강력반은 '장첸(윤계상 분)' 일당을 잡기 위해 작전을 세우고 실행하여 범죄조직을 소통한다.

## 3) 영화감상 후 생각해 보기

- 국가가 형성되기 이전에 분쟁의 해결방법은 무엇이었겠는가?
- 국가형벌권이 확립된 이후 나타난 문제점은 무엇이었겠는가?
- 영화에서 장첸(윤계상 분) 일당이 저지른 행위들은 각각 어떤 범죄에 해당하겠는지 생각해보자.
- 살인죄, 상해죄와 특수상해죄, 공갈죄와 특수공갈죄, 폭행죄와 특수폭행죄, 협박죄와 특수협박죄 그리고 범죄단체조직죄 등에 대하여 알아보자.

이 영화를 보고 개인 또는 집단의 힘에 의한 투쟁 사회에서 국가의 형벌권을 통한 법치사회로의 전환에 대하여 생각해 볼 수 있는 기회가 되기를 바라며, 구체적으로 흑사파의 행위들이 현행 형법상 어떠한 범죄가 성립할 수 있으며, 어떠한 정도의 형벌이 부과될 수 있는지를 알아보시기 바랍니다. 이와 관련된 내용들이 인터넷이나 유트브 등에도 많이 소개되고 있으니 직접 찾아보시고 또한 자신의 의견들을 정리해보면 좋겠습니다.

## 제3절 | 형사절차

### 1. 형사절차란 무엇인가

형사절차란 형법을 구체적 사건에 적용 및 실현하기 위한 일련의 절차(수사의 개시부터 재판 및 형의 집행까지의 모든 절차)를 말하며, 이러한 절차를 규율하고 있는 법률을 형사소송(절차)법이라고 한다. 즉 형사절차(또는 형사소송)란 구체적 사건이 형법이 규정하고 있는 범죄의 요건들을 충족시켰는지를 확인하고, 그에 따른 형벌을 부과하고 집행하는 절차를 말한다.

### 2. 형사절차의 이념

형사절차는 사실관계를 명확하게 확인하고, 형법을 적용함으로써 적정한 국가형벌권을 실현하는 것을 목적으로 한다. 따라서 사실관계를 명확히 밝히는 것(실체적 진실발견)이 본질적 과제라고 할 수 있다. 그러나 실체적 진실발견만을 유일한 목적으로 한다면, 기판력을 인정해서는 안 될 것이며, 진실발견을 위해 수단과 방법에 제한이 없다면 인권침해의 가능성이 매우 크다. 따라서 적정절차의 원칙과 신속한 재판의 원칙도 형사절차에서 반드시 고려되어야 한다. 따라서 이들 이념의 상호관계가 문제될 수 있다.

실체적 진실발견이란 소송의 실체에 관하여 객관적 진실을 발견하여 사안의 진상을 명백히 하는 것을 의미하며, 이는 민사소송법의 형식적 진실발견과 구별된다.

적정절차의 원칙이란 헌법의 기본원칙, 특히 법치국가원리에 따라 국가형벌권이 행사되어야 하는 원칙을 말한다(헌법 제12조 1항).

신속한 재판의 원칙이란 원래 적정절차, 특히 피고인보호원칙의 한 내용이었으나, 독립된 형사소송의 지도이념으로 인정된 원칙이다(헌법 제27조 3항). 이는 피고인의 이익보호와 공익보호에 기여한다.

### 3. 형사절차의 구조

과거에는(서양을 중심으로 프랑스혁명 이전) 형사절차를 하나의 국가기관이 독점하여 진행하였다. 즉 수사와 재판 및 그 집행에 이르기까지 하나의 국가기관이 관장하였기 때문에 피고인은 단지 절차의 객체로 취급되었고, 이로 인하여 인권침해가 심각하였다.

프랑스혁명 이후 인권의식이 강조되면서 형사절차에 있어서도 피고인의 인권을 보호하기 위한 노력들이 나타났고, 그 결과 형사절차를 크게 수사절차와 재판절차로 나누고, 각 절차를 서로 다른 국가기관이 담당하게 함으로써 상호 견제와 균형을 통한 인권보장을 꾀하였다. 이를 탄핵주의 소송구조라고 한다. 유럽을 중심으로 수사절차를 담당하기 위한 국가기관으로 검사제도가 새롭게 등장하였으며, 재판절차는 사법권독립이 보장된 법원이 담당하게 되었다. 이러한 결과 수사기관(검사)에서 공소제기(기소)를 하지 않으면 법원은 재판할 수 없으며, 또한 법원의 재판은 수사기관(검사)의 견해에 전혀 구속되지 않는 원칙이 확립되었다(불고불리의 원칙).

## 4. 영화와 형사절차

### 1) 배경

영화 '변호인'은 2013년 12월에 개봉한 영화로 제16대 대통령 노무현이 변호사 시절 맡았던 부림 사건을 배경으로 한 작품이다.

### 2) 줄거리

세무전문변호사로 승승장구하던 송우석은 부산 학림사건 변호를 통해 인권변호사가 됐고 공안사건과 노동쟁의 변호사로 활동을 시작한다. 단골 국밥집 사장 최순애는 자신의 아들 박진우가 한 달 동안이나 행방불명 된 것도 모자라 국보법 위반혐의로 체포되어 재판을 받게 됐으며, 구치소에 찾아갔는데 법을 앞세워 면회를 허가해주지 않는다며 동행을 부탁했다. 이에 우석은 순애의 애원을 외면하지 못하고 결국 그녀와 같이 진우 면회를 가주기로 한다.

접견실에 나타난 진우의 상태는 어딘가 이상했다. 정신 나간 사람처럼 똑같은 말만 되풀이하는가 하면 등에는 시커먼 멍이 가득한 것이었다. 이를 본 우석은 수사단계에서 고문으로 사건이 조작되었음을 알아차리고 진우의 담당 변호사가 되기로 결심한다. 이어진 재판과정에서 수많은 난관이 닥쳐옴에도 불구하고 국가기관에 의한 불법감금과 고문 등을 밝혀 진우의 무죄를 위해 변호인으로서 투쟁을 진행해 나간다.

## 3) 영화감상 후 생각해 보기

- 춘향전에서 나오는 고을 사또 변학도의 춘향에 대한 재판(형사절차)과 오늘날의 형사절차는 어떻게 다른가?
- 형사절차에 있어서 적법절차(또는 적정절차)가 요구되는 이유는 무엇인가?
- 영화에서 수사기관들이 저지른 고문과 각종 불법행위들을 방지하기 위한 방안에는 어떠한 것들이 있겠는가?
- 변호인의 도움을 받을 권리(접견교통권 포함), 진술거부권, 체포·구속적부심사제도, 보석제도, 증거재판주의 등에 대하여 알아보자.

이 영화를 보고 현재 우리나라의 형사절차는 어떠한 내용을 가지고 있는지, 개선해야 할 사항은 없는지 생각해보는 시간을 가지면 좋을 것입니다. 특히 2020년 수사권조정 및 공수처 출범 등으로 인하여 기존의 잘못된 수사관행이나 수사와 관련된 문제점들을 해소될 것으로 예상하기도 하며, 반대로 오히려 더욱 많은 문제점들이 드러나게 될 것이라는 우려를 표시하기도 합니다. 바람직한 형사절차의 내용과 운영을 위해서 추가적으로 필요한 것은 무엇이 있는지 생각해보는 것도 좋을 것입니다.

## 제4절 형사법에 대해 더 생각해 보기

앞에서 소개한 형사법 관련 내용이나 영화 이외에도 수많은 자료들이 여러분 주위에 존재하며, 여러분들이 조금만 관심을 갖고 수고를 한다면 쉽게 접근하는 것도 가능할 것입니다. 눈을 크게 뜨고 주위를 살펴보시고 여러분들의 인생에 커다란 나침반이 될 수 있는 소중한 인연을 찾아보시기 바랍니다.

여기에 소개된 영화 이외에도 법, 특히 형사법과 관련된 국내외의 수많은 영화들이 있습니다. 또한 소설이나 애니메이션을 비롯한 많은 문학작품, 예술작품들도 여러분들의 생각을 키워나가는데 커다란 도움을 줄 수 있을 것입니다. 주위의 사소한 것들도 찬찬히 그리고 깊이 들여다본다면 의외로 놀라운 선물 같은 발견도 가능할 것입니다. 여러분들의 행운을 빕니다.

CHAPTER 04

# 상법

# Chapter 04

# 상법

## 제1절 상법

### 1. 상법의 개념

상법의 개념은 형식적 의미의 상법과 실질적 의미의 상법으로 나눌 수 있다. 형식적 의미의 상법이란 상법전을 말한다. 현행 상법전은 1962년 1월 20일에 법률 제1000호로 제정·공포되었는데, 총칙·상행위·회사·보험·해상·항공운송의 6개 편 935개 조문으로 구성되어 있다.

실질적 의미의 상법이란 상법전에 구애되지 않고 이론적 입장에서 통일적으로 파악되는 상법이라는 특별한 법영역을 말하는데, 상인의 조직 또는 활동에 관하여 규정한 법규의 일체를 말한다.

### 2. 상법의 성질

상법은 '상인'의 '상행위'의 법률관계를 규율하기 위한 것으로, 자연인(법인)의 재산관계와 신분관계를 규율하는 민법에 대하여 '특별법적 지위'에 있다. 원칙적으로 상인이라는 신분을 가진 자에게 적용되는 것으로 '신분법적 특성'도 가진다. 상인(기업)의 본질은 영리의 추구에 있다 할 것이므로 '영리성(營利性)'을 가진다(상법 제4조, 제5조, 제46조, 제47조).

또한 상법은 기업에 있어서는 영리활동을 집단적·반복적으로 행하기 때문에 신속한 처리가 요구되며, 이를 위하여 외부적으로 나타난 것을 기준으로 법률효과를 부여한다(외관주의). 기업의 신용을 유지하고 상대방을 보호하기 위해 기업 관계자의 의무를 강화하여 책임을 가중하는 반면, 기업의 기술적 성격이라든가 기업의 보호를 위해 기업의 책임을 경감하기도 하는 등 다양한 특성을 가지고 있다.

### 3. 상법의 학습범위와 공부 방법

#### 1) 민법과 상법

상법은 민사법에 속하며 민법의 특별법으로서의 지위를 가진다. 법적용의 순서에 있어서도 상법 제1조와 민법 제1조의 규정에 따라 상사에 관하여 상법 >

상관습법 > 민법 > 관습법 > 조리의 순서로 적용된다. 따라서 상법은 비단 상법에 대한 학습에 한정되는 것이 아니라 민법에 대한 기본적인 학습이 전제되고 있기에 상법 분야의 학습분량은 상당한 부담이 된다.

### 2) 상사법 관련 교과목

우리 대학의 상사법관련 교과목은 다음과 같다. 상법총론(총칙과 상행위), 회사법, 보험해상법과 금융기업과 관련한 은행법실무, 기업의 세무처리와 관련한 세법, 기업에 대한 규제 및 사회적 책임에 관한 경제법실습, 종합적 사고력 향상을 위한 상사법연습 등이 있다. 그리고 민법총칙, 채권법총론, 채권법각론, 형법각론, 헌법(기본권), 행정법각론과 민사소송법 교과목은 상법의 학습과 연계되어 학습이 필요한 교과목이다.

### 3) 상법의 공부 방법

성문법국가인 우리나라 상법전은 상법총칙−상행위−회사−보험−해상−항공운송의 총 6개 편으로 구성되어 있다. 이들 조문을 토대로 이론적인 학습을 충실히 하여야 한다. 상사관련하여 구체적인 사례를 만나게 될 경우에 어떤 조문을 어떤 이론에 따라 어떻게 해석하여 적용할 것인가라는 의문에 보다 합리적인 답을 도출할 수 있는 정도의 충분한 지식이 함양되어 있어야 하기 때문이다. 다음으로 법학을 공부하는 사람이라면 누구나 공부하는 리딩 케이스(leading case)와 유사한 사례에 대한 판결의 태도에 관심을 가지고 학습하여야 한다. 종전의 사례와 현재의 사례를 비교분석하면서 보다 바람직한 해석을 할 가능성이 높아지고, 이론과 소송에서의 실제를 유기적으로 파악하는 능력이 배양되기 때문이다. 마지막으로 사회에서 우연히 생긴 어떤 사실관계 내지 사건에 대하여 적용하여야 할 법 규정에 관하여 어떤 해석을 하고 있는지, 그 판례와 이전의 다른 판례와의 관계, 그 판례가 천명하고 있는 법 원칙 등과 같은 내용을 종합적으로 공부하여야 한다.[20]

〈사전 학습〉

| 1. 상법전의 체계가 어떻게 구성되어 있는 지 마인드맵을 만들어 본다. |
| --- |

---

20) 전북대학교 로스쿨, 로스쿨 법학공부 방법론, 패스메이커, 2019, 25면

## 제2절 회사법

### 1. 정의

구 상법 제169조에서는 회사라 함은 "상행위 기타 영리를 목적으로 하여 설립한 사단을 이른다."고 정하는 한편, 같은 법 제171조 1항에서 "회사는 법인으로 한다."고 정하고 있었다. 이를 근거로 상법상 회사는 영리성, 사단성, 법인성이란 세 요건을 갖추어야 한다고 인식해 왔다. 그러나 2011년 상법 개정에서 회사란 "상행위나 그 밖의 영리를 목적으로 하여 설립한 법인"을 말한다(제169조)고 정하는 한편 위의 171조 1항을 삭제하였다. 결과적으로 위의 요건 중에서 사단성이 제외되었다. 그렇다고 해서 모든 회사가 사단이 아니라는 점을 명문으로 밝힌 것이라 볼 수는 없으므로, 회사의 사단성 인정 여부를 둘러싼 해석상의 논의는 새로운 국면을 맞이하게 되었다.

〈생각해 볼 문제〉

1. 상법의 개정 전후 조문을 비교하여 볼 때, 회사의 정의와 관련하여 달라진 것은 무엇인가?
2. 사단성이 요구되지 않는다면 1인의 회사도 가능한가?
3. 여전히 사단성이 요구된다고 해석하여야 하는가?

### 2. 회사의 권리능력

회사는 법인(法人)으로서 권리와 의무의 주체가 될 수 있는 일반적 권리능력을 갖는다. 그러나 개개의 권리를 향유할 수 있는 능력, 즉 개별적 권리능력(權利能力)에는 일정한 제한이 인정되고 있다는 점에서 자연인의 권리능력과 다르다.

회사는 권리의 성질상 자연인만이 가질 수 있는 친권·상속권 등 신분권이나 생명 또는 신체에 관한 권리를 가질 수 없으며, 일정한 경우 법률에 의하여 제한되기도 한다(상법 제173조).

회사는 정관상의 목적범위 내에서만 권리능력을 가진다고 볼 것인가? 긍정설과 부정설, 절충설이 대립하고 있다. 판례는 그 제한을 인정하고 있지만 회사의 목적범위를 가능한 한 광범위하게 해석하여 회사의 목적인 영업뿐만 아니라 영업과 관련된 행위를 포함하는 것으로 봄으로써 제한을 부정하는 학설과 그 차이가 없다.

<사전 학습>

회사의 권리능력에 대한 리딩케이스를 읽어 본다.

> (대법원 1987. 10. 13. 선고 86다카1522 판결 [약속어음금])
> * 사실관계의 정리
> * 판결의 내용
> * 학설과의 비교
> * 따름 판례

## 3. 회사의 종류

상법상 회사는 합명회사, 합자회사, 유한책임회사, 주식회사, 유한회사의 5종으로 한다(제170조). 우리나라는 주식회사로 등기된 회사가 전체의 90% 이상을 차지한다. 그 이유는 무엇일까? 주식회사는 회사의 자본이 '주식'으로 구성되어 있어 널리 일반인을 대상으로 자본을 모으기가 용이하며, 주주는 자기의 출자가액을 한도로 해서만 회사채권자에 대해서 간접적으로 책임을 질뿐 회사의 채권자에 대해서 아무런 책임도 지지 않는다는 장점이 있기 때문이다.

상법은 이러한 현실을 반영하여 주식회사의 설립절차와 자본의 유지, 회사의 운영에 관하여 상세한 규정을 두고 있다. 절차상의 하자가 있는 경우 회사설립 또는 주주총회결의의 무효사유로 하고 있으며, 주주총회와 이사회의 권한, 소수주주 보호에 대한 조항 등이 그것이다.

## 4. 기업의 사회적 책임

기업의 사회적 책임(CSR : Coperate Social Responsibility)이란 기업이 이윤 추구에만 집착하지 않고 사회의 일원으로서 사회적 책임을 자각하고 실천하여야 할 의무를 말한다. 과거에는 기업 특히 대중으로부터 자본을 모아 설립하는 주식회사의 경우는 영업이익을 극대화하고 이를 주주에게 환원하는 것이 기업의 미덕이라고 생각하였다. 현재에는 기업의 규모가 거대해졌을 뿐만 아니라 전 세계를 무대로 활동하면서 영향력이 매우 높아지고 있다. 이러한 기업의 영향력에 대응하기 위하여 사회는 기업이 취해야 하는 새로운 행동기준을 요구하게 되었는데, 엄격한 법률의 준수와 사회구성원 전체에 대한 기여활동, 장기적 안목, 경영의 전문성 확보 등이 이에 해당한다.

예를 들면 자원을 재활용하고, 공해가 발생하지 않는 생산 공정을 개발해 기업이 환경에 미치는 나쁜 영향을 최소화하려고 노력하고, 더 나아가 기업 활동과 직접적인 관계가 없는 사회 활동에도 참여하여야 한다는 것을 말한다.

〈미디어 속 연구 – 기업의 사회적 책임〉

다음의 영화를 미리 감상하고, 기업의 사회적 책임이란 무엇인지 생각해본다.

〈다음의 순서로 생각을 정리하여 본다〉

- 영화의 줄거리
- 가장 기억에 남는 장면과 대사 기록해보기
- 법적 쟁점 찾기
- 기업의 사회적 공헌은 기업의 사회적 책임과 다른가?
- 기업의 사회적 책임은 왜 중요한가?
- 영화에 등장한 기업에 대하여 어떤 법적 책임을 물을 수 있는가?
- 우리나라의 경우 유사한 사례를 찾아볼 수 있는가?

## 제3절 보험계약법

## 1. 개념

### 1) 개념

사람이 출생하여 일생동안 다양한 사회활동을 하면서 화재, 수재, 교통사고, 질병 등과 같은 많은 위험을 겪게 된다. 때로는 이러한 위험들로 인하여 생명을 잃게 되기도 한다. 이러한 위험을 많은 사람이 힘을 합쳐 대비하고자 하나의 경제제도를 만들어내었는데 이를 보험(保險)이라 한다. "1인은 만인을 위하여 만인은 1인을 위하여"는 보험제도를 잘 설명하고 있다.

누구를 대상으로 얼마만큼의 금전을 갹출하여 누가 기금을 관리하면서 어떤 사고가 난 경우에 어떤 기준에 따라 금전을 지급할 것인가를 법률상 "계약"제도로 규율하게 되었다. 상법은 제4편에서 보험계약에 대한 규정을 두고, 계약당사자인 보험자와 보험계약자의 권리의무관계를 규율하고 있다(상법 제638조).

### 2) 연혁

보험제도는 B.C. 2250년경의 바빌론의 함무라비법전에서 처음으로 나타났다고 한다. 그 일원이 여행도중 강도를 당하거나 뜻밖의 사고로 손해를 입게 된 경우에는 그 손해를 공동으로 분담하도록 한 대상규약(隊商規約)이 그것이다.

근대적 의미의 보험은 중세 지중해연안의 상업도시에서 해상의 특수한 사정에 의하여 이용되던 해상모험대차에서 그 기원을 찾고 있다. 모험대차라 함은 해상무역업자가 항해를 함에 있어서 선박과 적하를 담보로 금융업자로부터 자금을 빌리고, 항해를 무사히 마치면 원금과 높은 이자를 지급하고, 그렇지 못하면 원금과 이자의 지급을 면제받기로 하는 계약이었다. 이는 해상위험을 자본주에게 전가하는 기능을 하는 것으로서 해상보험의 기틀이 되었다.

### 3) 특성

보험계약은 보험자의 보험금지급의무가 '우연한 사고'의 발생 여부에 달려있다는 점에서 사행계약으로서의 특성을 가지게 된다. 피보험자가 보험수익자가 보험금을 받기 위하여 의도적으로 보험사고를 일으키거나 손해를 확대시키는 등의 행위가 나타나기도 한다. 이를 방지하기 위하여 보험계약은 '최대선의성'을 강조하고 있다. 또한 동일한 위험을 가진 다수의 계약자와 보험계약을 체결하기 위하여 보통보험약관을 사용하는 '부합계약성'을 특성으로 한다.

## 2. 보험의 분류

상법상 보험은 손해보험과 인보험으로 구분된다.

피보험자의 주택, 자동차, 운송물 등이 훼손되거나 멸실된 경우 또는 피보험자가 제3자에 대하여 손해배상책임을 이행하게 됨으로써 재산의 감소가 발생하는 경우에 보험자가 실제 손해액을 계산하여 보험금으로 전보하는 것을 손해보험이라 하고, 화재보험, 운송보험, 해상보험, 자동차보험, 책임보험 등이 있다.

피보험자의 생명이나 신체에 우연한 사고가 발생한 경우에 보험자가 계약 당시에 지급하기로 약정한 금액을 보험금으로 지급하는 것이 인보험이고, 사망보험, 생존보험, 상해보험, 질병보험 등이 있다. 사람의 생명이나 신체를 보험의 목적으로 하며 보험사고 발생 시 보험금을 정액으로 지급한다는 점, 피보험이익이 없는 경우에도 가입할 수 있다는 점에서 손해보험과 차이가 있다.

## 3. 보험제도의 역기능 – 도덕적 위험(Moral Hazard)

보험은 각종의 위험에 대비하기 위한 제도로 여러 가지 순기능을 수행하기도 하지만, 인위적인 사고를 통해 금전적 이익을 얻고자 하는 사람도 있게 된다. 보험금을 노리고 피보험자를 살해하거나, 보험의 목적인 건물에 방화를 하거나 선박을 고의로 침몰시키고 보험금을 청구하는 사례들이다. 이것은 보험이 가지는 사행성 때문으로 도덕적 위험이 증가하게 되면, 손해율을 왜곡시켜 대수의 법칙이 불가능하도록 만든다. 이는 다시 위험단체에 속하는 선량한 다수의 보험계약자에게 보험료의 증가라는 폐해를 가져다준다.

상법은 이러한 폐단을 막기 위하여 고지의무, 위험 변경증가시 통지의무, 위험유지의무, 중복보험에 대한 비례보상제도 등 여러 가지 제도적인 장치를 두고 있다.

〈생각해 볼 문제〉

• 보험제도를 통하여 보험계약자가 얻고자 하는 것은 무엇인가?
• 도덕적 위험은 보험범죄와 어떻게 다른가?
• 도덕적 위험을 방지하기 위하여 어떤 제도를 생각해 볼 수 있는가?
• 자신 또는 가족이 가입하고 있는 보험의 종류를 기재해본다.

〈미디어 속 연구 – 기업의 사회적 책임〉

다음의 영화를 미리 감상하고, 보험제도와 도덕적 위험에 대하여 토론하여 본다.

"이렇게 살다 죽으면 12억, 사고로 죽으면 27억
 내 일 도와주면 사망보험금 니 앞으로 해줄게"

〈다음의 순서로 생각을 정리하여 본다〉

- 영화의 줄거리
- 가장 기억에 남는 장면과 대사 기록해보기
- 법적 쟁점 찾기
- 보험금의 차이가 나는 이유는 무엇때문인가?
- 인위적으로 사고를 야기하였다면 보험금은 지급받을 수 있는가?
- 우리나라의 경우 유사한 사례를 찾아볼 수 있는가?

## 제4절 어음법 수표법

### 1. 개념

사람이 다른 사람에 대하여 가지는 재산적 청구권도 하나의 가치물로서 거래의 목적물이 될 수 있다. 그런데 무형의 추상적인 권리를 거래할 경우 그 권리가 언제 발생되고 언제 소멸되며, 누구에게서 발생하여 누구를 거쳐 누구에게 귀속되어 있는지, 그 권리의 내용은 무엇인지 모든 것이 불분명하다. 이러한 불분명하고 추상적인 권리를 분명하고 구체적인 권리로 만든 것이 바로 유가증권이다. 결국 유가증권은 권리의 유통의 간소화와 안전성 보장에 목적이 있는 것으로, 법률 제도도 권리의 유통성을 확보하기 위한 조항들로 구성되어 있다.

유가증권으로 가장 대표적인 것이 어음과 수표이다. 우리 상법은 상행위에 있어서 어음의 특수성을 고려하여 어음에 관한 규정을 상법의 일부로서 규정하지 않고 상사관계에 관한 특별법으로 제정하고자 하였다. 1963년 어음법과 수표법을 별도로 규정하는 입법형식을 취하게 되었다.

### 2. 어음과 수표

어음에는 약속어음과 환어음이 있다. 약속어음은 발행인(갑)이 수취인(을)에 대하여 일정한 기일(만기)에 일정한 금액을 지급할 것을 약속한 증권이다. 약속어음은 상인의 신용창출을 위한 수단으로 사용되는 것이 일반적이다. 환어음은 발행인이 제3자(지급인)에게 일정한 금액을 지급할 것을 위탁한 증권이며, 이 증권의 발행을 받은 수취인은 발행인에 대해서가 아니라 제3자인 지급인에 대해서 만기에 지급제시를 할 수 있다.

수표는 발행인이 지급인에게 일정한 금액의 지급을 위탁한 증권으로서 발행인과 수취인 외에 지급인을 필요로 한다. 수표는 오로지 지급수단이나 현금대용물로서 이용되는데 그치기 때문에 환어음과는 경제적 기능을 달리하고 있다.

〈법학적 글쓰기 형식〉

- IRAC
- Issue (쟁점)
- Rule (원칙, 규정)
- Analysis (분석)
- Conclusion (결론)

# 행정법

강의 노트

### 제1절 행정법의 기초개념

## 1. 행정의 의의

사례 1

2021년 여름 집중호우로 부산의 초량 지하 차도에서 자동차가 물에 잠겨 익사 사고가 발생했다. 침수로 인한 인명사고가 발생했을 때 누가 가장 먼저 출동하고 구조활동을 하는 것이 옳은가?

위 사례와 관련하여

- 도로를 관리할 책임은 누가 지는가?
- 법원과 국회는 무슨 일을 해야 하는가?
- 부산시장은 법적 책임이 없는가?

부산 초량지하차도 침수 현장. 2020.07.24

### 1) 행정의 개념은 왜 필요한가?

행정법은 '행정에 관한 법'이라는 의미에서 만들어진 용어이므로 행정법을 정의하기 위해 행정의 개념을 정의해야 한다. 행정은 통상 정부 또는 행정부로 불리는 국가기관에 의해 수행되는 국가작용을 말하며, 국가작용 중 가장 넓은 비중을 차지한다.

행정법의 개념 범위를 정하는 것은 이론적인 것에 그치는 것이 아니고, 헌법의 요청이기도 하다. 삼권분립의 원칙에 따라 입법, 행정, 사법의 국가 권한이 국회, 정부, 법원에 분리 귀속되어야 하며, 행정권은 헌법에 따라 대통령을 수반으로 하는 정부에 속한다(헌법 제66조제4항). 따라서 입법부나 사법부가 행정권을 행사하거나 행정권 발동여부를 직접 결정하는 것은 헌법위반이 된다. 물론 행정부도 행정의 영역에 대해서 권한을 행사할 수 있을 뿐, 사법과 입법의 영역에 속하는 권한을 행사할 수 없다.

## 2) 행정의 개념형성과정

연혁적으로 행정은 근대국가가 형성되는 과정에서 입법과 사법이 국가권력으로부터 분리되면서 그 형체를 드러내게 되었다. 국가작용 중 입법,사법을 염두에 두고 개념을 정의하는 것이므로 행정의 개념은 궁극적으로는 권력분립의 원칙과 연결된 개념일 수밖에 없다.

재산권과 신체의 자유를 보장받기 위해 시작되었던 프랑스 시민혁명 등 근대국가의 성립을 촉진하는 사건들은 주로 입법권을 둘러싼 투쟁이었다.

그 결과 절대왕정시대에 비해 국민들의 힘이 강력해지고, 국왕은 배타적 입법권을 서서히 잃게 되었다. 또 국가에 따라 차이가 있지만, 이 시기에는 또 하나의 국가권력으로서 사법권도 국왕의 지배로부터 서서히 분리되기 시작했다. 이러한 과정에서 국왕의 수중에 남게 된 나머지의 권력이 행정의 원형을 이루게 된다.

## 3) 행정의 개념 징표

- 사회 형성적 활동인가?
- 공익 실현적 작용인가?
- 구체성을 띄는 행위를 요구하는가?
- 포괄적 능동적 활동인가?

행정의 개념은 사실상 국가의 활동 전체를 포괄하는 의미를 갖게 되어 이를 하나의 개념으로 설명하는 것이 불가능하다. 결국 행정의 개념 징표를 통해 행정의 윤곽을 확인하는 것이 최선의 방법이다.

사례 해설

> 차량 침수로 인한 인명사고 사태에 대한 1차적인 대처책임은 행정에게 있다. 그러므로 행정이 가장 먼저 출동하고 구조활동을 벌일 수 있는 구조를 갖추고 있어야 한다. 도로를 관리할 공법상 책임은 동구와 부산시가 공동으로 진다. 법원과 국회는 이런 업무에 대해서 직접적이고 구체적으로 대처하는 조직은 아니다. 그렇지만 국회는 도로 관리상의 재난을 일반적으로 방지하기 위한 법률을 제정할 의무가 있고, 법원은 도로관리 미흡으로 인한 인명사고에 대한 다양한 민형사상의 책임들을 묻는 기능을 담당한다.

## 2. 행정법의 개념

### 사례 2

> 코로나19라는 전염병의 감염을 방지하기 위하여 5인 이상 집단 취식금지와 밤 9시이후 영업금지를 공포하였음에도 최근 식당에서 심야에 이를 어기고 손님을 집단적으로 받는 사례들이 빈발하고 있다. 이러한 문제들이 한 두 식당에 그치지 않고 상당한 범위의 식당으로 이어져 대량의 감염환자가 발생하여 사회문제가 된다면 이에 대한 우리 공동체의 대응책은 무엇인가?

위 사례와 관련하여
● 집단감염을 예방하기 위한 가장 효과적인 대책은 무엇일까?

### 1) 행정법의 개념

#### (1) 실정법으로서 행정법

행정법이라는 용어는 행정에 특유한 공법을 의미하면서(실정법률), 동시에 이러한 공법들이 작동하기 위한 논리체계(행정법학)까지를 포함하여 지칭한다. 대법전상에 1,300개가 넘는 법률들 중 민법, 형법 등 100여 개를 제외한 대다수의 법률이 행정법(실정법률)에 속한다. 이러한 법률들은 국민의 공법상 권리의무에 관한 사항을 규율하고, 행정주체에게 일정한 처분권을 부여하는 특징을 보인다.

이런 의미의 행정법에는 도로교통법, 식품위생법, 공중위생관리법, 건축법, 국토계획법(국토의 계획 및 이용에 관한 법률), 토지보상법(공익사업을 위한토지 등의 취득 및 보상에 관한 법률), 도시정비법(도시 및 주거환경정비법), 여객자동차운수사업법, 국가공무원법, 고등교육법, 법학전문대학원법 등등 헤아릴 수 없을 정도로 많은 법률이 속한다. 행정법 분야가 넓고 다양하기 때문에 행정법에 강한 법률가라고 해서 이들 모든 분야에 정통하기는 어렵다.

전통적인 민사, 형사문제를 소송의 형태로 해결하는 법률서비스는 시장에 충분히 제공되어 있지만, 민법·형법 등을 모두 합친 법률보다 10배 가까이 많은 행정법에 대해서는 법률서비스가 충분히 제공되지 않고 있다. 이를 위한 법률서비스는 단순히 법정을 둘러싼 소송의 형태로 나타나지 않으며, 다양한 직역의 전문적 법률가에 의해서만 공급될 수 있다. 현재 법률시장에서 법무법인 등에 의해 제공되는 법률서비스가 획일화되어 사회의 다양한 수요에 부응하지 못하는 것도 행정법에 대한 법률서비스의 부재에 기인한다. 이것이 변화하는 사회에서 그에 부응하는 법률서비스를 제공하기 위해 법률가들이 행정법을 공부해야 하는 이유이다.

### (2) 행정법학의 개념

민법과 민법학, 형법과 형법학의 관계와 같이 행정법과 행정법학의 관계도 실정법 대 법학이론이라는 점에서 동일한 대응관계에 있다. 다만 민법학이나 형법학의 경우에는 민법 또는 형법이라는 이름의 실정법이 있지만, 행정법학은 행정법이라 불리는 실정법이 존재하는 것은 아니며, 일정한 특성을 갖는 법률들을 묶어서 행정법이라고 부른다는 점에서 커다란 차이가 있다. 민법학이나 형법학과 달리 행정법학은 개별조문을 전제로 논리를 전개하는 것이 아니기 때문에 이해하기가 더욱 어렵다.

행정법학은 실정법인 행정법들이 작동하는 원리를 연구하는 이론체계를

말한다. 즉, 도로교통법, 식품위생법, 건축법과 같은 개별법과 그 개별법의 개별조문에 대한 연구가 아니라, 그러한 법률들의 작동원리에 대한 연구인 행정행위론, 재량이론 등과 같은 이론체계를 중심으로 한다.

좁은 의미의 행정법학은 행정행위론을 중심으로 한 행정법 총론을 뜻하고, 넓은 의미의 행정법학은 행정법각론을 포함해서 행정법으로 분류되는 모든 실정법을 연구대상으로 하는 공법학을 포괄한다.

### (3) 총론과 각론

행정법학은 총론과 각론으로 구성되며, 총론은 개별 행정법학 영역에 공통하는 요소를 묶어서 설명하고 있다. 따라서 총론은 어느 각론의 영역에서도 대체로 타당한 논리체계라고 보면 된다. 각론은 세법, 건설법, 환경법,지방사치법 등 별도의 체계와 실무를 보유하고 있으며, 그 안에 다시 각론적인 법학이론들이 존재하고 있다.

사례 2의 해결

> 행정청이 개입하여 식당주인에게 특정한 손님을 거절하게 하는 것은 사적자유의 원칙상 허용되지 않으나 코로나 환자가 식당에 출입하여 공중에게 질병을 전파하게 하여 전염병이 만연하게 된다면 심각한 공공의 안녕을 위협받게 되므로 이때는 공공이 개입하여 안전을 도모해야 한다. 이 경우에도 그것이 위법한 정도에 이르면 손해배상책임의 문제가 생길 수 있으므로 필요한 최소한의 제한이 이루어져야 하고 영업의 자유를 제한하는 경우에도 법적근거가 필요하다. 이러한 규제적 조항의 입법은 의회에서 이익조정의 절차를 거치게 된다.

## 2) 행정의 분류

사례 3

갑은 지하철에서 내린 후 집으로 귀가하기 위해 동네의 작은 도로를 건너야 한다. 횡단보도만 있던 길을 자유롭게 건너다니던 갑은 어느 날 횡단보도에 행정청이 신호등을 설치하여 파란불이 들어올 때만 길을 건널 수 있게 되었다. 무척 귀찮아진 갑이 이에 대해 다툴 수 있는 방법을 찾는 중이다. 과연 행정소송이 해결책이 될 수 있을까?

위 사례와 관련하여

● 무척 귀찮아진 갑이 이에 대해 다툴 수 있는 방법을 찾는 중이다. 과연 행정소송이 해결책이 될 수 있을까?

### (1) 수단에 의한 분류

행정은 수단 또는 형식을 기준으로 해서 권력행정, 관리행정, 국고행정으로 분류된다.

### 가. 권력행정

권력행정이란 행정주체가 공권력을 발동하여 국민에 대하여 일방적으로 명령·강제하는 행정작용이다. 상대방의 동의를 요하지 않는다는 것이 중요한 요소이며 결국 상대방의 의사를 제압할 수 있다는 특징을 갖는다. 형식에 의한 분류 중 가장 중요한 행정작용이 권력행정이다. 철거명령과 같은 처분의 형식도 있고, 경찰병력의 배치와 같은 사실행위도 이에 포함될 수 있다.

권력행정은 상대방의 공법적 지위에 변동을 가져오는 것으로 행정작용중 양적 비중은 작으나 효과가 강력하고 따라서 행정소송의 대부분은 권력행정에 대한 것이다. 권력행정이라고 해서 무조건 침익적 행정인 것은 아니며 수익적 처분도 권력행정이 될 수 있다는 점에 유의해야 한다. 예컨대 영업허가가 거부되거나 건축허가가 거부된 경우에 수익적 처분에 대한 거부처분취소소송이 전형적인 권력행정에 대한 취소소송이다.

### 나. 관리행정

관리행정은 대체로 공적 시설물을 관리하는 행정을 말한다. 공익을 위한 것이라는 점에서는 권력행정과 목적을 같이 하지만, 국민의 권리의무에 직접 영향을 주는 것은 아니라고 이해된다. 예컨대 공공청사의 관리, 횡단보도를 설치하거나 신호등을 설치하는 행위 등이 관리행정에 속한다.

### 다. 국고행정

국고행정은 공행정주체의 활동이지만, 행정주체가 사경제 주체로서의 지위에서 행하는 행정을 말한다. 원칙적으로는 사법원리에 의해 규율되지만, 행정주체의 공적 성격 때문에 전적으로 사법적일 수는 없다. 예컨대 조달행정, 국가를 당사자로 하는 계약에 관한 법률에 따른 공법계약 등이 이에 해당한다.

**참고** 행정소송의 요건인 처분성

> 행정소송의 요건인 처분성은 '국민의 공법상의 지위에 실질적인 변경을 준 행정청의 행위가 있었느냐'로 판단한다. 처분성이 있어야 취소소송 등 행정소송이 가능하다.

사례 3의 해결

> 신호등의 설치는 관리행정으로 행정주체에 의한 행정작용이지만, 이에 의해 갑의 공법상 지위에 실질적 변경이 있다고 보기 어려우므로 소송을 통해 다투지 못하는 것이 원칙이다.

### (2) 행정주체에 의한 분류

사례 4

> 경남교육감 갑은 학교 담 벼락의 토지에 대하여 학교부지 경계 내에 있음을 이유로 소유자를 확인하니 경남자치도 소유임을 발견하고 소유권 이전 등기소를 제기하였다. 경남교육감은 경상남도 지사에 대하여 소송할 수 있는가?

### 가. 행정주체의 개념

행정주체란 국가, 지방자치단체, 공공조합 등 국민에 대해 행정권을 발동할 수 있는 법적 권한을 보유한 자를 말한다.

### 가) 조직법과 작용법

국가나 지방자치단체 등 행정주체는 자체 조직의 구성 등에 대한 근거로서 정부조직법, 지방자치법 등 조직법을 가지고 있다. 그러나 조직적 근거만으로는 개별적인 행정권을 발동할 수는 없고, 처분을 위해서는 별도의 법적 수권이 필요하다. 이렇게 행정주체의 권한행사를 수권하는 개별적인 법률을 작용법이라 한다. 국고행정이나 관리행정 정도는 작용법적 근거가 없어도 허용될 여지가 높지만, 권력행정은 작용법적 근거가 반드시 필요하다(권력행정유보설). 예컨대 시청이나 구청은 지방자치법에 의해 설립된 자치단체이지만, 식품위생법, 도로법 등 별개의 작용법에 근거해 처분의 권한을 갖게 된다.

### 나) 공법인 : 공법에 있어 법인격의 의미

국가나 자치단체에 속해 있던 '공적인 단체'에 법인격이 부여되면 그 기관이 독자적인 권리의무의 주체가 될 수 있고, 따라서 소유권의 주제도 될 수 있다. 예컨대 서울대학교의 법인화 이후 서울대학교 부지는 서울대학교 법인의 소유가 된다. 이에 비해 전남대학교나 경북대학교와 같이 법인이 아닌 국립대학은 법인격이 없고 공법인이 아니므로 대학의 부지들은 모두 국가소유이다.

그러나 공법인이라고 해서 여타의 공법상 단체보다 법적으로 더 우월한 지위를 인정받는 것은 아니고, 단지 민사적인 관점에서 권리의무의 주체가 될 수 있다는 정도의 의미를 갖는다는 점에서 유의하여야 한다.

### 다) 영조물 법인

민사의 영역에서는 법인이 재단 또는 사단으로 한정되지만, 공법적인 면에서는 이와는 또 다른 영조물 법인도 인정되어야 한다는 견해들이 유력하다. 예컨대 서울대학교는 법적으로 재단법인이 되었지만, 서울대학교를 단순히 재단법인으로 이해하기에는 인적 조직이 너무 강력하고, 그렇다고 서울대학교와 그 구성원의 관계를 사단과 사원의 관계로 환원하기도 어려워 사단법인이라 보는 것도 어색하다.

### (3) 소유권과 관리권

공법의 영역에서는 국유재산법상의 관리권 등 관리권한이 소유권보다 더 중요한 경우가 많이 있다. 특히 국공유지에 대해서는 국유재산법상 관리권이 인정되는 기관에게 사실상 소유권에 준하는 권한이 인정되는 것이 실무의 관행이다.

### 가. 국가행정, 자치행정, 위임행정

행정권이 귀속되는 주체가 누구냐에 따라 행정은 국가행정, 자치행정, 위임행정으로 나뉜다. 국기행정이란 국가가 직접 자신의 기관을 통하여 행하는 행정을 말한다. 행정권은 원래 국가의 통치권의 일부이므로, 국가행정이 행정의 원칙적인 형태이다. 자치행정은 지방자치단체 기타 공공단체에게 행정업무가 귀속되어 있는 행정을 말한다. 위임행정은 원래 국가행정에 속하였지만 위임에 의해 자치단체 등에 위임된 행정을 말한다. 실무상으로는 위임행정이 다수를 이룬다.

국가의 위임으로 자치단체가 치리하는 행정업무는 위임행정과 자치행정이 혼재되지만 이들은 서로 엄격하게 구별해야 한다. 위임행정과 자치행정은 법규의 형식, 예산과 감독 등에서 차이를 보이기 때문이다. 우선 지방의회는 자치행정(사무)에 대해서는 조례를 제정할 수 있지만 국가의 위임행정에 대해서는 조례를 제정할 수 없고 이에 위반하면 조례는 무효이다.

또한 위임행정은 국가가 비용을 부담하고 감독권도 폭넓게 행사할 수 있다는 점에서 자치행정과 다르다.

위임행정과 자치행정의 구별기준에 대해서는 형식설과 실질설이 있다. 형식설은 법문(法文)에 따라 권한의 주체가 국가로 정해진 경우와 자치단체(장)로 정해진 경우를 구분하여 국가행정과 자치행정으로 나눈다. 이에 비해 실질설은 행정사무의 전국적 통일성, 사무의 성격 등을 종합적으로 고려해서 판단하고자 한다. 위임행정과 자치행정을 구별할 때 가장 이상적인 것은 입법자의 의도를 존중해서 법문을 기준으로 삼는 것일 수 있다. 그러나 현재 우리의 입법수준이나 구별의 난이성 등을 고려하면 형식설에 의하기는 어렵고 결국 실질설에 의할 수밖에 없다. 전국적 통일성이 필요한 사무, 위험방지 사무 등은 국가행정으로, 복지행정 등 자치단체장이 할 수 있고 자치단체별로 달라져도 상관없는 일은 자치행정으로 판단할 수 있다.

### 3) 특수한 행정주체

#### (1) 공공단체로서 정비조합

재건축, 재개발사업에서는 토지 또는 건물을 소유하는 다수의 사람들이 단체를 구성하여 사업시행자가 되는데, 이를 정비조합이라 한다. 현재 서울을 비롯한 수도권에서 1,000개 이상의 정비조합이 사업을 진행하고 있다. 초기에는 구청이 불량정착촌 정비사업의 일환으로 재개발사업을 시행하였지만, 세입자와 소유자의 반발이 거세 사업을 원활하게 진행하기 어려웠다. 그 후 1970년대 제정된 도시재개발법은 토지소유자에게 조합을 결성하게 하여 사업시행자가 되도록 정하고 구청에게는 인허가권을 부여했다. 종래 국가나 자치단체가 수행하던 공적 임무가 정비조합에게 상당수 이양되는 형태의 제도개편이 있었던 것이다.

재건축사업은 재개발과는 약간 다른 차원에서 발전된 사업이다. 재건축사업은 1970년대 강남에 건설된 아파트가 20년이 지나 낡게 되자 이를 헐고 새로운 아파트를 짓는 것으로 시작된 사업으로 2000년대 초반 노무현 정부 당시 부동산시장 과열의 원인이 되었다. 2003년 재건축과열 현상을 막기 위해 재건축과 재개발사업을 통합하는 「도시 및 주거환경정비법」(이하 도시정비법)이 제정되면서 재건축과 재개발사업이 통합되었다.

#### (2) 행정주체인 정비조합

1990년대를 거치면서 확고한 판례에 의해 재개발조합은 관리처분계획취소소송의 피고가 되는 것으로 인정되었으며, 이에 의해 조합은 부분적으로 행정주체의 지위를 승인받게 된다. 취소소송은 처분을 행한 '행정청'을 피고로 하는 것이기 때문이다(행정소송법 제13조), 대법원은 2009년 정비조합의 설립을 인가하는 처분을 행정주체로서의 지위를 부여하는 설권행위로 보아 취소소송을 허용하였다. 대법원은 또한 2009년 전원합의체 판결을 통해 정비사업의 관리처분계획에 대해 행정주체인 조합이 수립한 처분이므로 민사소송을 불허하고 취소소송만을 허용한다는 입장을 취했다.

### (3) 공무수탁사인

공무수탁사인이란 행정청으로부터 공적임무를 수탁 받아 행정청의 지위 선 사인(私人)을 말한다. 통상 행정법에서 국민 또는 사인으로 지칭되는 사람들은 행정정과 대립관계에서 권리의무가 제약되는 상대방을 말하지만, 공무수탁사인의 경우에는 행정청의 지위에 서게 되므로 통상적인 경우와는 다르다. 선장, 기장, 자동차 검사대행기관 등이 공무수탁사인의 예이다.

사례 해설

> 동일한 행정주체인 경상남도에 소속되어 있는 양 기관이 소송을 통하여 다투어도 그 법적효과는 동일 주체로 귀속되므로 자기가 자기를 상대로 소송하는 결과로서 불가합니다.

## 3. 행정 법치주의

사례 5

> 법학전문대학원장 갑은 학생을 선발하는 과정에서 법학을 전공하지 않은 학생을 선발하게 될 경우 성적차이가 과도하게 발생한다는 점을 발견하게 되었다. 갑은 고민 끝에 법과대학 출신학생이 2/3를 초과하는 합격자 명단을 발표하였다.
> ※ 법령에는 법학전공자가 2/3를 초과하지 못하도록 정해져 있다.

위 사례와 관련하여
● 이러한 갑의 행위는 법적으로 정당화될 수 있는가?

진정한 법치란 무엇인가, 영화 A Few Good men,
1992 판결 선고 장면 中

법치행정 또는 법치주의는 행정과 법의 관계에 주목하여 법이 행정을 지배한다는 원칙을 말한다. 법치행정의 원칙은 '행정의 입장에서 행정권을 행사할 때 법에 그 근거가 있어야 하는가 또는 법과 다른 판단을 하는 것이 더 타당해 보일 때 어떻게 행동해야 할 것인가에 대한 지침을 준다. 행정법에서 법치주의의 기본구도는 '법률(또는 법령) 대 '행정'의 관계를 중심으로 한다는 점을 명심해야 한다.

## 1) 형식적 법치주의

형식적 법치주의란 국민의 권리의무에 관한 사항은 의회가 제정한 형식적 법률에 의해서만 제한될 수 있다는 원칙을 말한다. 국민주권과 의회주의를 이론적 근거로 삼아 국민의 자유와 재산에 대한 국가의 침해를 법률로 하도록 형식적 제약을 가하지만, 그 법률의 내용에 대해서는 심각하게 생각하지 않았던 단계의 초기 이론이다. 제2차 세계대전이 종료된 후 형식적 법치주의를 무력화 시켰던 나치 독일에 대한 반성으로 초기 형식적 법치주의에 대한 보완이 필요한 것으로 판단되었다.

## 2) 형식적 법치주의의 초기 3원칙

초기 3원칙은 모두 행정과 법률의 관계를 전제로 이해되어야 한다.

### (1) 법률(만)의 법규창조력

법률(만)의 법규창조력은 의회가 제정하는 법률만이 국민의 권리의무에 관한 사항을 구속적으로 정할 수 있다는 의미이다. 행정은 스스로 국민의 권리의무에 관한 일반적 규범을 제정할 수 없으며, 다만 법률의 수권에 따라 국민의 권리의무를 규율하는 처분 등을 발할 수 있다.

### (2) 법률의 (행정에 대한) 우위

법률의 우위는 행정주체의 의사에 비해 법률이 상위에 있다는 원칙으로서 법적 안정성을 확보하는 기능을 한다. 이에 따르면 법률이 정하고 있는 내용과 행정의 판단이 서로 다를 때 행정청의 판단보다 법률이 우선한다.

법률의 우위 원칙에 위반하면 행정법원에 의해 취소되거나, 공무원에 대한 징계 등이 뒤따른다.

### (3) (행정에 대한) 법률유보

#### 가. 법률유보의 뜻

법률유보란 행정작용은 반드시 법률의 수권에 의해야 한다는 것이다. '행정작용의 권한을 수권하는 법조항을 법적 근거'라고 하는데, 법적 근거는 조직법만으로는 부족하고 작용법적 근거가 있어야 하는 것이 원칙이다.

#### 나. 법률유보의 범위

법률유보의 범위에 대해서는 학설이 나뉜다.

- 가) 침해유보설 : 침익적 행정작용에만 법률의 유보가 필요하다는 견해,
- 나) 권력행정유보설 : 권력행정이라면 법률의 유보가 필요하다는 견해.
- 다) 중요사항유보설 : 국민의 권리의무에 중요한 사항에 대해서는 법률이 근거를 마련해야 한다는 견해.

라) **급부행정유보설** : 침익적 행정작용만이 아니라 급부행정에도 법적 근
거를 만들어 법적 안정성을 보장하여야 한다는 견해이다.

마) **전부유보설** : 모든 행정작용은 법률의 유보가 필요하다는 견해

**참고** 의회유보설과 법률유보설의 차이

> 의회유보는 헌법재판소가 "법률의 위헌성을 심사하는 데 더 적합한 개념으로
> 법률과 행정입법의 관계에 있어서 행정입법에 포괄적으로 위임한 법률은 위헌
> 이라고 판단하는 데 사용되는 개념이다. 반면, 법률유보는 "행정처분의 위법
> 성:"을 심사하는 데 사용되는 개념으로 법률시행령 포함과 처분의 관계에 있
> 어서 처분에 법적 근거가 있는지 살피는 것이다.

### 3) 실질적 법치주의

#### (1) 실질적 법치주의의 등장 배경

형식적 법치주의는 포괄적 위임, 광범위한 행정재량, 헌법위반의 법률(예컨대 반
인권적 법률), 법률로부터 자유로운 영역(특별권력관계 등)을 용인하여 결과적으로 법치
주의를 형해화시킬 수 있다는 우려가 있었고, 이런 우려는 부분적으로 현실화되
었다. 이러한 초기 형식적 법치주의의 한계를 보완하기 위해 법치주의의 추가적
원리가 개발되었다.

주요 판례 헌법재판소 1999. 5. 27, 98헌바70 결정.

> 텔레비전방송수신료의 금액에 대하여 국회가 스스로 결정하거나 결정에 관여
> 함이 없이 한국방송공사로 하여금 결정하도록 한 한국방송공사법 제36조 제1
> 항이 법률유보원칙에 위반된다고 본 판례.

#### (2) 실질적 법치주의의 내용

**가. 합헌적 법률의 우위**(헌법재판)

의회가 제정하는 법률 중에서도 합헌적인 법률만이 우위에 선다는 것이다. 이
는 구체적으로 헌법재판소의 위헌법률심사권에 의해 보장된다. 1988년 헌법재판
소가 설립되었을 때 법원의 재판은 헌법소원대상에서 제외되었었다.

그러나 1997년 12월 24일 헌법재판소는 모든 판결을 헌법소원대상에서 제외하
는 헌법재판소법이 위헌이라고 선언하였다.

**나. 포괄위임금지**

포괄위임금지란 법률이 하위법령에 위임하는 경우 그 위임의 목적과 범위를
한정하여 위임해야 하고 막연하게 위임하는 것을 금지한다는 원칙이다. 이는 헌
법원칙으로 선언되어 법률의 위헌심판에 영향을 준다.

주요 판례

> 대법원 2015. 8. 20. 선고 2012두23808 전원합의체 판결
> 법무법인이 법인세법 시행규칙 등에 근거한 세무조정반 지정신청을 하였으나
> 관할 지방국세청장이 거부처분을 한 사안에서, 위 처분은 무효인 시행령 및
> 시행규칙에 근거하여 이루어진 것이어서 위법하다고 한 판례.
> 대법원 2008. 5, 15. 선고 2007두26001 판결
> 법령상 개인택시운송사업자의 운전면허가 취소된 때에 그의 개인택시운송사
> 업면허를 취소할 수 있도록 규정되어 있을 뿐 이라면, 관할관청은 운전면허가
> 취소되지 않은 한 개인택시운송사업면허를 취소할 수는 없다.

### 다. 법률유보 범위의 확대

법률유보 범위에 대하여 다수설은 전부유보설의 방향으로 이동하는 경향을 보인다. 다만 법률유보의 범위를 넓히는 것이 항상 국민의 권익구제에 더 유리한 것만은 아니라는 점에 유의해야 한다.

### 라. 특별권력관계, 통치행위 등의 기능 축소

통치행위, 특별권력관계 등 법치주의가 침투하기 어려웠던 다양한 영역에 실질적으로 법치주의를 관철하기 위한 개별적인 노력이 이루어졌다.

사례 5의 해결

> 갑은 행정청으로 법률우위 원칙에 따라야 하며, 상위의 법령을 위반하여 행정
> 결정을 내렸으므로 위법한 처분이 된다. 불합격한 자들은 소송을 통해 구제받
> 을 수 있다.

## 4. 공권

### 1) 공권의 성립요건

공권은 다음의 요건이 충족되어야 인정되는 것으로 해석되었다.

### (1) 행정법에 의한 의무부과

행정법규에 의해 행정청에게 공법상의 의무가 부과되어야 한다. 행정청의 의무가 있어야 상대방의 권리가 성립하기 때문이다.

### (2) 사익보호성

행정법이 설계한 제도가 그 자체로 개개인의 이익도 보호하고자 하는취지가 있어야 하고, 전적으로 공익만을 목적으로 하는 경우에는 사익보호성이 인정되기 어렵다. 예컨대 버스중앙차선제, 횡단보도의 설치 등은 사익보호성이 없지만, 운전면허제 등은 사익보호성이 있다.

### (3) 소송가능성

실체법상의 권리가 관철될 수 있는 소송상의 절차가 완비되어야 한다.

공권이론이 논의되던 초기에는 이를 요건으로 보는 것이 의미가 있었지만, 현재 한국처럼 행정소송이 일반적으로 허용되는 경우에는 별도의 요건으로보는 것이 의미가 없다(행정소송법 제2조 참조).

### 2) 공권과 법률상 이익의 관계

공권개념은 수익적 행정행위에서 행정청의 처분을 발급받기 위한 법적근거로 주장되기 시작하였지만, 후에 자신에 대한 침익적 처분을 배제하기 위한 이론과 통합되면서 공권이라는 표현은 '법률상 이익'이라는 개념과 동의어로 받아들여진다.

사례 6

교육과학기술부장관은 사립대학교 교원의 임면(任免)에 관한 예규인 「교수인사관리지침을 만들어 각 사립대학교에 이를 지키도록 통보한 적이 있었음.
그런데 K대학교 L대학장은 예규가 교수의 자격요건을 교육공무원 법령상의 그것 보다 더 엄격하게 규정하고 있다는 사유로 그 부분의 준수를 거부하고 P씨를 그 대학의 교수로 임명했음.
<교육과학기술부장관이 발령한 예규는 법규가 아니어서 사립대를 강제할 수 없다는 사례>

드라마 펜트하우스 2020

질문 1. P씨를 교수로 임명한 L대학장의 행위는 정당한 것인가?

질문 2. 교육기술부장관은 어떤 법형식으로 그 기준을 마련해야 하는가?
1. **법령** 2. 훈령 3. 고시 4. 공고

훈령, 예규, 고시등 행정규칙은 행정조직의 내부를 규율하는 것으로 원칙적으로관련 법령에 위반되어서는 안되며, 법규성을 인정하지 않는 것이 원칙이다. 다만, 최근에는 행정규칙에 실질적으로 법규사항을 포함하고 있는 경우 그 범위는 법규로 인정되고 있다(헌법재판소 결정례 1992. 6. 26. 91헌마25 참조).

질문 3. '행정입법'이란 행정기관이 법조문의 형식으로 일반적, 추상적 규범을 정립하는 내용인데, 법규명령과 행정규칙(행정명령)으로 나누어진다.

O. X

질문 4. 법률에서 하위명령(대통령령과 총리령, 부령)으로 위임할 때에 가장 중요한 원칙은?

1. 중요사항의 위임.
**2. 구체적으로 범위를 정하여 위임**
3. 개괄적으로 위임

질문 5. 다음 중 행정입법에 대한 행정적 통제에 해당하는 것은?

1. 법률의 개정과 폐지 등에 의한 통제
2. 헌법소원에 의한 통제
**3. 입법 예고 등 입법절차에 의한 통제**

## 제2절 행정입법

## 1. 행정입법의 의의

### 1) 행정입법의 의의

- 행정기관이 법조(法條: 조문) 형식으로 일반적 추상적 규범을 정립하는 작용
- 넓게는 지방자치단체의 조례와 규칙 등 자치입법까지 포함하는 개념
- 국민의 권리를 제한하거나 의무를 부과하는 일반 추상적인 규범이다. 이는 국민의 권리, 의무에 대하여 규율한다는 점에서 행정청 내부에 대해서만 효력이 있는 행정규칙과 구별되고, 일반, 추상적인 규범이라는 점에서 개별적, 구체적인 행정행위와 구별된다.

### 2) 법규와 명령의 차이

- 법규 : 국민의 권리를 제한하거니 이무를 부과하는 일반, 추상적인 모범이다. 이는 국민의 권리 의무에 대하여 규율한다는 점에서 행정정 내부에 대해서만 효력이 있는 행정규칙과 구별되고, 일반 추상적인 규범이라는 점에서 개별적 구체적인 행정행위와 구별된다.
- 명령 : 법률이 아닌 대통령령 또는 총리령 부령 행정규칙과 같이 행정부가 정립하는 규범을 말한다.

## 2. 법규명령과 행정규칙의 비교

### 1) 형식

시행령, 시행규칙이고 국민의 권리 의무에 관한 사항을 규율하고 대외적인 구속력이 있다.

### 2) 법적근거 및 정당성

#### (1) 법규명령 : 법률유보원칙의 확장

법규명령은 법률의 위임에 의해 법률을 보충하기 위해 제정된다. 법치주의의 원리에 따라 국민의 권리의무에 관한 사항은 의회에서 제정한 법률에 의해서만 규율되어야 한다. 그러나 현대 사회의 생활관계가 복잡해지면서 의회가 이에 대한 모든 법규를 다 제정하는 것은 현실적으로 어렵다. 이렇게 되면 의회는 법률에서 중요한 사항들을 정하고 나머지 부분을 행정부에 위임하게 되는데, 이에 대해 제정된 행정입법이 법규명령이다. 이처럼 법규명령은 법률에서 유래하는 민주적 정당성을 공유하며 법률유보 원칙의 외연을 확장하는 기능을 한다.

### (2) 행정규칙 : 행정조직의 사무처리기준

행정규칙은 법률의 수권과 무관하게 행정조직의 내부적 관리권에 기초하여 발령된다. 통상 행정규칙의 정당성은 조직을 유지관리하기 위한 특별권력 자체의 힘에서 나오는 것이므로 별도의 수권이나 법적 근거가 필요 없다. 법규명령과 달리 행정규칙에는 별도의 민주적 정당성이 요구되지 않는다. 조직이 존재하고 이를 유지관리하기 위한 필요불가결한 규범이 바로 행정규칙이다.

## 3) 법규성

### (1) 법규명령 : 양면적, 대외적 구속력

법규명령은 법규성이 있으므로 국민과 공무원, 법원을 모두 구속한다.

### (2) 행정규칙 : 일면적, 대내적 구속력

행정규칙은 법규성이 없으므로 국민이나 법원을 구속하는 힘이 없으며, 업무를 처리하는 공무원에 대해서만 구속력을 갖는다. 따라서 행정처분이 행정규칙을 준수했다고 적법해지거나 또는 위반했다고 위법해지지 않는 것이 원칙이다. 다만, 학설과 판례는 재량준칙 등 일정한 행정규칙에 대해서는 예외적으로 법규성을 인정한다.

## 3. 법규명령 및 행정규칙의 쟁점과 관련 헌법재판소 및 대법원 판례

법규명령 관련 판례

**법률의 위임이 있어야 한다**는 취지의 판례

(헌재 1993. 5.13. 선고 92헌마80)

**개별적, 구체적 위임이 있어야 한다**는 취지의 판례

(헌법재판소2003.9.25. 선고2000헌바94, 2002. 8. 23. 선고2001두5651, 1994. 7. 29. 선고93헌가12)

**행정영역별로 위임의 구체성이 요구되는 정도가 다르다는 점**을 이해해야 한다.

위임의 명확성 요건이 완화되는 경우 급부행정의 위임(법재판 1991.21 1. 선 90헌가27)

위임의 명확성 요건이 완화되는 경우 지방의회 입법에의 위임(헌법재판소 1991.8.27. 선고90두6613, 1995.4.20. 선고 92 현대 264)

위임의 명확성 요건이 강화되는 경우 : 처벌법규에 위임(헌법재판소 19975.29. 선고 94헌바22)

## 1) 법규명령 형식의 행정규칙

부령 형식의 행정규칙 법규성을 부인하는 판례(대법원 1996.9.6. 선고 96누914)

**대통령령 형식의 행정규칙에 대한 법규성을 인정하는 판례**(대법원 1997. 12.26. 선고97누15418, 2001.3.9.선고 99두 5207)

학계에서는 법원에 의하여 외부적 규범력이 있었는지가 판정되므로 행정작용에 있어서 법 규범체계의 혼동을 야기하여 법적 안정성을 심각하게 훼손한다고 비판하고 있다. 대법원이 이러한 태도를 취하는 이유는, 부령에서 행정청의 재량권 행자의 기준을 규정하면서 지나치게 경직되고 획일적인 처분 내용을 규정하는 경향이 많아, 이를 인정할 경우 국민의 권리구제를 사실상 포기하는 것과 같은 상황이 발생할 수 있다는 것을 우려하기 때문으로 보인다.

## 2) 법령 보충적 행정규칙의 통제

- 위임한계를 벗어난 경우의 대외적구속력부인(대법원2000.9.29.선고98두12772)
- 대외적으로 표시 또는 통보: 일반인에게 표시하거나 통보함으로써 효력 발생(대법원2000.4.21.선고99도5355)
- 극히 전문적, 기술적인 분야에 한정(헌법재판소2004.10.28.선고99헌바91): 법령보충적 행정규칙의 통제를 위한 판단 준거 제시

## 3) 법제 실무에서의 위임 법리

- 적어도 법률에 규정된 사항만으로도 하위 법령에서 정해질 내용의 개요를 파악할 수 있을 것
- 하위 법령에서 정해질 내용의 개요는 해당 조문과 관련 조문에 의하여 파악되어야 하고, 적어도 해당 법률의 목적, 취지로 보아 어느 정도 확정될 수 있을 것.
- 구체적인 위임의 가능성 여부와 정도는 법률규정의 실질적인 내용이 권리를 침해하거나 의무를 부과하는 것인지 아니면 의무의 면제나 급부의 제공 등과 같이 혜택을 주는 것인지에 따라서 신축적으로 판단할 것.

일반적, 포괄적 위임의 금지에 대한 판례

- 「헌법」 제75조는 행정부에 입법을 위임하는 수권 법률의 명확성원칙에 관한것으로서, 법률의 명확성원칙은 '법률의 수권은 그 내용, 목적, 범위에 있어서 충분히 확정되고 제한되어 있어서 국민이 행정의 행위를 어느 정도 예측할 수 있어야한다'는 것을 의미한다(2003.7.24.2002헌마82).

- 위임의 구체성, 명확성의 요구정도는 규제대상의 종류와 성격에 따라서 달라진다. 즉, 급부행정영역에서는 기본권 침해영역보다는 구체성의 요구가 다소 약화되어도 무방하다고 해석되며, 다양한 사실관계를 규율하거나 사실관계가 수시로 변화될 것이 예상될 때에는 위임의 명확성 요건이 완화되어야 하는 것이다(1991.2.11.90헌가27).

심화 문제

영화 A Few Good men, 1992

1. 대법원은 제재적 성격을 가진 법규명령 형식의 행정규칙 중 대통령령에 대해서는 법규성을 인정하고, 부령에 대해서는 법규성을 부정한다. O
2. 행정규칙 형식의 법규명령은 형식을 중시하여 법규성을 인정하지 않는다. X
3. 재산제세 사무처리규정은 형식이 국세청훈령이지만 법규성이 있다. O
4. 법령보충적 행정규칙은 그 자체로 법규성을 가진다. X
5. 재량준칙은 행정의 탄력성 제고 기능을 수행한다. X
6. 보건복지부장관이 고시한 생계보호기준은 대외적 구속력이 있는 법령보충적 행정규칙이다. O
7. 규범구체화 행정규칙은 고도의 전문성이 있는 분야에서 인정되는 것으로서 평등원칙을 매개로 대외적 구속력을 가진다. X

사례 7

허모씨는 개인택시 운송사업면허를 취득하기 위해 고양시에 신청을 했음.
그런데 고양시는 그 면허에 필요한 기준인 사무처리규정(고양시 내부규정)을 만들면서 법규준수와 무사고운전에 관한 요건과 함께 이러한 성실운전의무의 요건인 동일 택시회사에서 충족이 된 경우만 면허를 해주는 기준을 두고 그에 따라 회사를 한번 바꾼 허모씨에게는 면허를 내 주지 않았다.

문제 1. 개인택시 운송사업면허의 법적 성질은 무엇일까?

가. 기속행위이다.

**나. 재량행위이다.**

문제 2. 허모씨에게 면허를 내 주지 않은 고양시장의 처분에 대해서 어떻게 생각하는가?

가. 재량행위이기 때문에 전혀 문제가 없다

**나. 재량행위이지만 재량권의 한계를 일탈했다.**

문제 3. 행정행위는 행정청이 구체적 사실에 관한 법집행으로서 행하는 권력적 단독행위인 공법행위를 말한다( O, X )

문제 4. 다음 중 행정행위의 효력요건은?

가. 주체에 관한 요건

나. 내용에 관한 요건

다. 형식에 관한 요건

**라. 상대방의 수령이 필요한 경우 상대방에의 도달**

문제 5. 재량행위에 대한 통제 중 행정적 통제인 것은?

가. 법규적 통제

**나. 행정절차에 의한 통제**

다. 법원에 의한 통제

라. 헌법재판소에 의한 통제

## 제3절 행정행위

### 1. 행정행위의 개념과 종류

행정작용(行政作用) 중 가장 큰 비중을 차지하는 것이 행정행위(行政行爲)라고 할 수 있다. 따라서 행정행위의 개념·특질·종류 및 관련 사항들을 알아둘 필요가 있다. 행정행위란 개념은 실정법상 개념이 아니라 강학상의 개념으로서 이 강학상의 개념을 정립한 것은 항고소송의 대상을 확정짓기 위함이었다. 이를 바꾸어 말한다면 행정행위의 개념에 포함되지 않는 것은 항고소송의 대상이 되지 않기 때문에 권리 침해가 있더라도 행정소송상의 구제를 신청하지 못한다는 것을 의미하게 된다.

우리나라의 다수설이나 판례는 최협의의 행정행위 개념을 취하고 있다. 최협의의 행정행위의 개념은 '행정청이 법 아래서 구체적 사실에 관한 법집행으로서 행하는 권력적 단독행위인 공법행위'를 의미한다. 따라서 공법상 계약, 공법상 합동행위, 행정입법, 통치행위, 사실행위, 사법행위 등은 배제된다. 이런 문제 때문에 학설 중에는 형식적 행정행위의 개념을 도입하여 소송대상을 넓히려는 학자들도 있다. 그 내용을 보면 실체법상의 행정행위에는 해당되지 않는다 하더라도 이를 항고쟁송의 형식에 의해 다투는 외에는 적절한 구제수단이 없는 경우, 이를 행정쟁송법(행정심판법, 행정소송법)상의 처분으로 파악하여 항고쟁송을 인정하려는 것이다. 이처럼 행정쟁송적 측면에서 특별히 그 처분성이 인정되는 행위를 형식적 행정행위라고 한다.

이러한 형식적 행정행위의 개념은 일본에서는 아주 유력한 학설로 제기되었고, 우리나라에서도 긍정적으로 바라보는 시각들이 있다. 물론 이 형식적 행정행위의 개념을 부정하는 입장이 아직은 다수설이다. 이 형식적 행정행위의 범주에 포함되는 것으로, 예컨대, 사회보장부분에서의 급부결정, 보조금의 지급결정, 행정지도, 공공시설의 설치행위, 행정규칙이나 일반처분들도 거론되고 있다. 이러한 학설이 나올 수 있는 것은 강학상의 행정행위의 개념과 소송법상 처분개념이 다르기 때문이다.

행정행위를 분류하는 방식으로는 ① 법률행위적 행정행위와 준법률행위적 행정행위 ② 기속행위와 재량행위 ③ 수익적 행위와 침익적 행위 및 복효적 행위 ④ 쌍방적 행정행위와 단독적 행정행위 ⑤ 대인적 행정행위와 대물적 행정행위 및 혼합적 행정행위 ⑥ 일반처분 ⑦ 수령을 요하는 행정행위와 수령을 요하지 않는 행정행위 ⑧ 요식행위와 불요식행위 ⑨ 적극적 행정행위와 소극적 행정행위 등이 있다. 이 중 기속행위와 재량행위에 대한 설명은 법치행정의 예외에서 보았고, 법률행위적 행정행위와 준법률행위적 행정행위는 행정행위의 내용에서 설명하기로 하고, 여기서는 행정법이론상 중요한 수익적 행정행위와 부담적 행정행위 그리고 복효적 행정행위만 설명하기로 한다.

먼저, 수익적 행정행위란 행정행위의 결과 그 상대방에게 권리나 이익을 부여하는 행정행위를 말한다. 다음으로, 침익적 행정행위란 행정행위의 결과 그 상대방에게 권리나 이익을 제한·박탈하는 것과 같이 국민에게 불이익을 주는 행정행위를 말한다. 마지막으로, 복효적 행정행위란 하나의 행정행위로 인해 이익을 보는 당사자도 있고, 반대로 침익을 받는 당사자들도 생겨나게 되는 행정행위를 말한다. 특히 현대행정에서는 하나의 행정행위에 대해서 이해관계를 갖는 범주가 넓어지고 있고, 그 이해관계를 조정하는 것이 중대한 문제로 부각되고 있다. 따라서 복효적 행정행위의 경우에는 이해관계인의 이해조절을 위한 행정기법들이 필요하고, 이러한 관계를 원활하게 할 수 있는 소송기법도 필요하다고 말할 수 있다.

예컨대, 먼저 행정절차의 문제로 행정청은 복효적 행정행위를 하기에 앞서 이해관계인에게 그 취지를 통지하여 의견을 제출하게 하거나, 청문이나 공청회에의 참가기회를 부여해야 한다. 행정절차법은 처분의 상대방이 아닌 자라도 처분에 의해 영향을 받는 자에 대해 직권 또는 신청에 의해 행정절차에 참여시킬 수 있다고 규정한 예는 대표적인 사례라고 할 수 있다. 또한 행정쟁송에서도 이해관계가 있는 제3자, 특히 부담을 받는 제3자에 대해 행정심판법은 고지제도를 채택하고 있다. 뿐만 아니라 심판청구인, 참가인적격, 제3자에 의한 재심청구 등의 방법이 활용되고 있다.

사례 8

갑은 자동차를 운전 중에 신호위반을 하였다는 이유로 벌점15점을 부과받았다. 이에 갑은 경찰관에게 항의하고 벌점부과행위에 대하여 행정소송 벌점부과행위 처분취소소송을 하려고 한다. 가능한가.

영화 공공의 적에서 강철중 형사가 검문 중인 장면

> 운전면허 행정처리 배점 기준상 1년간 40점 이상이면 정지처분, 연간 121점 이상이면 취소처분 대상이 되고 당해 15점을 받아서 누계40점 이상, 또는 121점이 되어 정지 또는 취소처분을 실제 받으면 소송할 수 있으나 당해 신호위반에 따른 배점 자체만으로는 소송대상이 되는 처분이라고 볼 수 없다(대판. 94.8.12.94누2190).

## 2. 행정행위의 내용

행정행위는 그 법률효과의 발생원인을 기준으로 하여 법률행위적 행정행위와 준법률행위적 행정행위로 구분한다.

먼저 법률행위적 행정행위란 행정청의 의사표시를 구성요소로 하고, 표시된 의사의 내용에 따라 법적 효과를 발생하는 행정행위를 의미한다. 이에는 법률효과의 내용에 따라서 다시 명령적 행위와 형성적 행위로 구분된다. 명령적 행위에는 하명·허가·면제가 있으며, 형성적 행위에는 특허·인가·대리가 있다.

다음으로 준법률행위적 행정행위란 의사표시 외의 정신작용을 요소로 하고, 그 법적 효과는 행위자의 의사 여하를 불문하고 전적으로 법이 정한 바에 따라 발생하는 행정행위를 말한다. 이에는 확인·공증·통지·수리가 있다.

### 1) 명령적 행정행위

#### (1) 하명(下命)

작위·부작위·급부·수인의 의무를 명하는 행위로서 하명이 내려지면 국민은 그 내용에 따라 일정한 행위를 하거나 하지 않아야 할 의무를 진다. 예컨대, 무허가건축물에 대해서 30일 이내에 철거하라는 철거하명이 내려지면 당사자인 국민은 이에 따라야 한다.

#### (2) 허가(許可)

법규에 의한 일반적·상대적 금지를 특정한 경우에 해제하여 적법하게 일정한 행위를 할 수 있게 하는 행정행위를 말한다. 예컨대, 국민은 누구나 헌법상 영업을 할 수 있는 권리가 주어져 있으나, 헌법 제37조 제2항의 국가안전보장, 질서유지 그리고 공공복리를 위해서 이 권리행사가 상대적으로 금지되어 있다. 즉, 식품위생법상에 따른 영업허가를 받지 않으면 안된다. 식품위생법에 따른 영업허가를 받으면 헌법상의 자유권이 회복되어 영업할 수 있는 것이다. 그런데 허가로 인한 이익은 반사적 이익에 불과하며, 적극적으로 권리를 부여해주지 않는 점에서 형성적 행위인 특허와 구별된다.

### (3) 면제(免除)

법령에 의해 과해진 작위·급부·수인의 의무를 특정한 경우에 해제해주는 행정행위를 말한다. 세금을 납부하라는 납세의무(하명)를 면제해주는 것이 이에 해당한다.

사례 9

갑은 20세 대학생으로 전동퀵보드를 타고 등교를 하고 있다. 전동퀵보드 사고가 빈발하자 국가는 2021.4.부터 전동퀵보드를 타기 위해서는 원동기장치 자전거 면허 이상의 운전면허를 취득해야 탈 수 있게 하였다. 갑은 도로교통법이 정한 요건을 갖추어 2021. 5.1.자로 면허를 신청하였다. 행정청은 갑의 신청을 거부할 수 있는가?

걸킵스. 2019

해설

행정청의 퀵보드 운전면허는 일반적 금지에 대한 해제로 볼 수 있으므로 강학상 허가에 해당하며 기속행위로서 도로교통법에 정한 요건을 충족하면 반드시 발급해야 한다. 따라서 행정청은 갑의 신청을 거부할 수 없다. 거부하면 위법한 거부처분이므로 취소소송을 통해 권리를 구제받을 수 있다.

## 2) 형성적 행정행위

### (1) 특허(特許)

형성적 행위의 대표적인 예이다. 형성적 행위란 행정행위의 상대방에 대하여 일정한 권리·능력·포괄적 법률관계 기타 법률상의 힘을 발생·변경·소멸시키는 행정행위를 말한다. 특허란 특정인을 위해 권리·능력 또는 포괄적 법률관계를 설정하는 행위로서 예컨대, 광업허가를 받으면 광업권이 설정되고, 어업허가를 받으면 어업권이 설정된다. 또한 공법인의 설립행위가 있으면 그 단체는 공법상의 법인격을 취득하게 된다. 특허는 앞서 본 허가와 구별되는데, 허가가 반사적 이익의 부여행위라면 특허는 권리의 설정행위이다. 허가로 인한 이익은 반사적 이익으로서 국가의 보호를 받지 못하는 반면, 특허는 권리로서 국가의 보호를 받는다.

### (2) 인가(認可)

제3자(주로 사인)의 법률행위를 보충함으로써 그의 법률상의 효과를 완성시켜주는 행정행위를 말한다. 예컨대, 사인 사이의 토지거래는 양자의 계약에 의해 성립하나, 국토이용관리법에 의거하여 관할행정청의 토지거래허가라는 인가를 취득해야만 법률행위의 효력이 발생한다.

### (3) 대리(代理)

3자가 해야 할 일을 행정청이 대신 행함으로써 제3자가 한 것과 같은 법적 효과를 발생시키는 행정행위를 말한다.

사례 10

> 부산시 시내버스 운송사업자인 갑회사는 구포동과 해운대역을 오가는 승객이 많은 것을 알고 동 노선의 노선 지정 신청을 하였다. 그런데 그 노선은 기존에 을회사가 운행하고 있다. 갑회사의 노선 지정신청은 가능한가?

국제시장, 2014

해설

> 자동차운수사업법에 의한 운송사업면허는 특정인에게 특정한 권리를 설정하여 주는 행위로서 법령에 특별한 규정이 없는 한 행정청의 재량에 속하는 것이고 그 면허에 필요한 기준을 좇하는 것 역시 재량에 속한다고 할 것이다(대판 92.4.28.91누13526).

사례 11

갑 학교법인의 재단 이사회에서 이사로서 결격사유(공금횡령죄로 확정판결 후에 1년 경과)가 있음에도 이를 무시하고 이사회에서 이사장으로 결의하여 추대하고 감독기관인 교육부에 인가 신청을 하여 인가를 취득하였다.

위 사례와 관련하여
● 갑 대학의 을 교수노동조합은 이사장의 결격사유를 이유로 소송을 제기하려 한다. 소송 대상은?

뉴스 장면

해설

가. 을 교수노동조합은 (인가처분취소소송(X), 이사회 결의 무효확인 소송(O))을 제기해야 한다.

나. 학교법인 이사장의 신분은 교육부의 취임승인을 받아야 이사장으로서 신분을 취득하게 되는 인가의 대상이다. 이사회 결의로서 이사장이 되었다고 하더라도 교육부의 취임인가를 받지 않고 이사장이 교수임용행위 등을 한 것은 무효이다.

## 3) 준법률행위적 행정행위

### (1) 확인(確認)

특정한 사실 또는 법률관계의 존부 또는 정부에 관해 의문이나 다툼이 있는 경우에 행정청이 이를 공적으로 확정하는 행정행위를 말한다. 예컨대, 선거가 있으면 당선인의 결정에 대해서는 의문이나 다툼이 있을 수 있기 때문에 선거관리위원회에서 누가 당선자인지를 공적으로 확정해야 한다.

### (2) 공증(公證)

특정한 사실 또는 법률관계의 존재를 공적으로 증명하는 행정행위를 말한다. 각종 등기·등록, 회의록 등에의 기재, 각종 증명서의 발급, 영수증의 교부, 여권·검찰의 발급, 검인의 압날(壓捺) 등이 이에 해당한다. 공증이 있으면 공적 증거력이 발생한다. 이 경우 공적 증거력이란 추정에 불과하고, 반증에 의해 그 증거력이 부정될 수 있다.

### (3) 통지(通知)

특정인 또는 불특정다수인에 대하여 일정한 사실을 알리는 행정행위를 말한다. 이에는 관념의 통지(특정한 사실에 관한 관념을 알리는 행위: 특허출원의 공고, 토지수용사업인정의 고시 등)와 의사의 통지(행위자의 의사를 알리는 행위: 집행의 계고, 납세의 독촉) 같은 것이 있다.

### (4) 수리(受理)

타인의 행정청에 대한 행위를 유효한 것으로 받아들이는 행정행위를 말한다. 혼인신고의 수리와 같은 것이 이에 해당한다.

사례 12

> 갑은 건축설계사에 설계를 의뢰하여 건축허가를 받고 공사착공을 하여 설계도면과 같이 공사를 완료하였다. 그후에 갑은 건물의 준공검사 신청을 하였고 을행정청은 준공검사를 하였다. 을 행정청은 준공검사를 취소할 수 있는가?

해설

> 준공검사처분은 건축허가를 받아 건축한 건물이 허가내용대로 적합한가를 확인하는 것으로 준공필증을 교부함으로서 사용수익하게하는 법률효과를 발생시키는 확인행위로서 특단의 사정이 없는 한 취소할 수 없다.

## 3. 행정행위의 성립과 효력

### 1) 행정행위의 성립

행정행위는 일정한 성립요건과 효력발생요건을 갖추어야만 효력이 발생한다. 그래서 행정행위는 정당한 권한을 가진 행정청이 그 권한의 범위 내에서 일정한 절차와 형식으로 발령해야 하며, 그 내용도 객관적으로 명확하고 실현가능해야 한다. 그러나 행정행위는 행정내부의 결정이 있는 것만으로는 아직 행정행위가 성립하였다고 할 수 없고 행정결정의 외부에 대한 표시행위이므로, 이것이 외부에 대하여 표시될 때 비로소 성립한다. 또한 행정행위는 법령이나 부관에 의한 특별한 제한이 있는 경우를 제외하고는 성립과 동시에 효력을 발생하는 것이 보통이다.

### 2) 행정행위의 효력

이상과 같이 행정행위가 성립요건과 효력발생요건을 갖추게 되면 그 내용에 따라 구속력·공정력·존속력(불가쟁력과 불가변력) 및 집행력이 발생한다.

### (1) 구속력(拘束力)

행정행위가 유효요건을 갖추어 행해진 경우에는 그 내용에 따라 당사자들에 대해 법적 효력을 발생하는데, 이를 구속력이라 한다. 이때의 당사자로는 행정행위의 상대방, 행정기관, 이해관계인 등을 들 수 있다. 따라서 행정행위의 발령행정기관도 스스로 취소나 철회하지 않고서는 구속력으로부터 벗어날 수 없게 된다. 또한 행정행위에 불복이 있는 상대방은 법령이 정한 바에 따라 쟁송으로 다툴 수 있지만, 그 행위의 취소·철회가 있기까지는 그 행위에 구속된다. 행정행위의 구속력은 법령 또는 부관에 의해 제한되는 경우를 제외하고는 대개 성립과 동시에 발생한다.

### (2) 공정력(公定力)

비록 행정행위에 하자가 있더라도 그것이 무효가 아닌 한 권한있는 기관에 의해 취소되기까지는 행정행위의 상대방이나 이해관계인들에 대하여 구속력이 있는 것으로 통용되는 힘을 말한다. 이렇게 행정행위에 공정력을 인정하는 것은 법적 안정성 때문이다. 만약 행정행위의 적법성에 대한 의심이 있을 경우 누구나 그 효력을 부인할 수 있다고 한다면 행정의 능률적인 수행이 불가능할 뿐만 아니라 행정법관계의 안정을 도모하기 어렵고, 행정행위를 신뢰한 자의 지위도 불안하게 만들 것이기 때문이다. 따라서 행정행위에 공정력이 인정되는 이론적 근거는 행정목적의 효율적 수행, 법적 안정성, 신뢰보호의 요청에 있다. 이렇듯 공정력은 행정법관계의 안정을 위해서 필요한 것이지만, 공정력을 인정하는 데는 일정한 한계가 있을 수밖에 없다. 공정력은 행정의사에 대하여 인정된 우월한 힘이므로 권력적 행정의 영역에서만 인정되고, 행정청의 비권력적 행위나 사실행위 그리고 사법행위에서는 인정되지 않는다. 또한 무효인 행정행위 또는 행정행위가 존재하지 않는 경우에는 인정되지 않는다.

### (3) 존속력(存續力; 不可爭力·不可變力)

① 불가쟁력이란 행정행위에 대한 쟁송제기기간이 경과한 후에는 상대방 또는 이해관계인은 더 이상 그 행정행위의 효력을 다툴 수 없게 되는 효력을 말한다. 행정소송법은 제20조에서 취소소송은 처분 등이 있음을 안 날부터 90일 이내에 제기하도록 하고 있다. 또한 취소소송은 처분 등이 있은 날부터 1년을 경과하면 이를 제기하지 못하도록 하고 있다. 따라서 이 기간이 경과하면 불가쟁력이 인정되어 국가의 위법한 행위를 다툴 수 없게 된다. ② 불가변력이란 일정한 경우 행정행위를 발한 행정청 자신도 행정행위의 하자 등을 이유로 직권으로 취소·변경·철회할 수 없는 제한을 받게 되는 효력을 말한다. 이에는 준사법적 행위(행정심판재결, 국가배상상심의회 결정, 토지수용위원회 재결 등) 등이 포함된다.

### (4) 집행력(執行力)

행정행위에 의해 부과된 행정상 의무를 상대방이 이행하지 않을 때 행정청이 자기강제력을 발동하여 그 의무를 직접 실현시키는 힘을 말한다. 행정대집행법에 의한 대집행, 국세징수법에 의한 강제징수가 집행력의 근거법률이다.

사례 13

> 갑은 부동산을 매도한 사실이 없음에도 관할 세무서에서 양도소득세 부과처분을 받았다. 이 경우에 갑은 양도소득세를 납부하여야 하는 가?
> 만약에 갑이 부동산을 매도한 사실이 있고 양도차익이 1억원으로서 세무사에 문의한 바 양도소득세가 3천만원이라고 하였는 데 을 세무서장이 5천만원을 부가하였다면 갑은 납부하여야 하는 가?
> 갑은 5천만원을 일단 납부하고 2천만원을 반환받으려고 한다. 이 경우에 갑은 어떤 소송절차를 취하여야 하는 가?

해설

> 매매사실이 없는 무효인 경우에 행정처분은 효력이 없고(공정력은 없음) 매도사실이 있으나 과세처분이 하자가 있는 경우에는 공정력(일단 효력이 있는 것으로 간주)이 미치므로 5천만원을 납부하여야 하고 그 과세처분을 행정심판(과세적부심사)이나 과세처분취소소송을 제기하여 5천만원의 과세처분을 취소시킨 후에 반환을 청구할 수 있다. 만약에 2천만원의 부당이득반환 청구소송을 민사로 선제기하면 당해 민사재판부는 과세처분의 부당여부를 판단할 수 없다. 이는 단순 하자가 있는 행정처분은 공정력에 의해서 효력이 있는 것으로 추정된다.

## 4. 행정행위의 하자

행정행위의 하자(瑕疵)란 행정행위가 그 성립요건이나 효력요건을 갖추지 못한 경우를 말한다. 이에는 크게 두 가지가 있는데, 하나는 무효인 행정행위이고 다른 하나는 취소할 수 있는 행정행위이다. ① 무효인 행정행위란 행정행위로서의 외형은 갖추고 있으나, 그 하자가 중대하고 명백하여 처음부터 행정행위로서의 효력이 전혀 발생하지 않는 행정행위를 말하는 반면, ② 취소할 수 있는 행정행위란 행정행위의 성립에 하자가 있음에도 불구하고 권한있는 기관에 의해 취소되기까지는 그 효력을 지속하는 행정행위를 말한다.

무효인 행정행위와 취소할 수 있는 행정행위는 구별의 필요성이 있는데, 이는 무효인 행정행위는 처음부터 효력이 발생하지 않지만, 취소할 수 있는 행정행위는 권한있는 기관에 의해 취소될 때까지는 공정력이 인정되어 일응 유효한 행정행위로 효력이 발생하기 때문이다. 이 무효인 행정행위와 취소할 수 있는 행정행위를 구별하는 기준은 다수설에 의하면 중대하고도 명백한 하자있는 행정행위만 무효인 행정행위가 되고, 하자가 이에 이르지 않으면 단지 취소할 수 있는 행정행위에 그친다고 한다.

여기서 하자의 중대성이란 행정행위의 발령근거가 된 법규가 중대한 것이 아니라 해당 행정행위가 그 적법요건을 충족시키지 못함으로써 지니게 되는 흠이 중대하다는 의미로 이해된다. 요컨대 흠의 중대성이란 어디까지나 법침해의 심각성이므로 이를 판단하기 위해서는 위반된 행정법규의 종류·목적·성질·기능 등과 함께 그 위반의 정도도 아울러 고려되어야 한다. 그리고 하자의 명백성이란 하자의 존재가 당사자의 주관적 판단이나 법률전문가의 인식능력에 의해서가 아니라 통상적인 주의력과 이해력을 갖춘 일반인의 판단에 따를 때 누구의 의심도 허용하지 않을 만큼 객관적으로 확실한가에 의해 결정된다.

따라서 행정법학에서 행정행위의 무효가 인정되는 경우에는 중대하고도 명백해야 하기 때문에 그 인정범위는 극도로 한정적이다. 하자있는 행정행위가 단지 취소할 수 있는 하자인 경우에는 공정력이 인정되고, 일정제소기간 내에 소송을 제기하지 않으면 불가쟁력이 발생하여 다투지도 못하게 된다. 이는 국민보다 행정편의적인 것으로 문제가 없지 않다. 이러한 것은 민법과 매우 다른 부분이다. 더불어 무효범위가 축소되면 하자가 승계되는 범위도 좁혀진다.

하자의 승계란 둘 이상의 행정행위가 전후(前後)로 연속하여 행해지는 경우, 후행행정행위에는 하자가 없더라도 선행행정행위에 하자가 있는 경우 선행행정행위의 하자를 이유로 후행행정행위를 다툴 수 있는 것을 말한다. 선행행위가 무효인 경우, 이 무효인 하자는 당연히 후행행정행위에 승계된다. 반면에 취소할 수 있는 하자는 다수설에 의하면 선행행위와 후행행위가 서로 결합하여 하나의 효과를 달성하는 경우 하자가 승계되고, 서로 독립하여 별개의 법률효과를 발생시킬 때 하자가 승계되지 않는 것으로 보고 있다. 즉, 하자가 승계되는 범위가 협소해지는 것이다. 이렇듯 행정편의적인 행정행위의 하자이론은 재검토가 필요하다.

사례 14

> 갑 광역시에서는 도시기본계획에서 광역외곽 순환도로 계획을 발표하였다. 이에 을구에서는 을 주민들은 외곽순환도로에 지역을 포함시킬 것을 요구하며 기본계획의 효력을 다투고자 도시기본계획의 취소를 구하는 항고소송을 제기하고자 한다.
> 가능한 것인가?
> 만약 외곽 순환도로의 도로구역 결정에 대하여 공청회 등 의견제시 절차와 공람절차를 생략하고 도시관리계획을 고시하였다면 해당 주민은 도시계획 결정처분 취소를 구하는 항고소송을 제기할 수 있는 가?

〈행정계획 내용의 학습 포인트〉

- 행정계획은 광범위한 재량이 인정되는 분야이다.
- 행정계획은 목적프로그램 형식으로 이루어지고 일반재량은 조건 프로그램 으로 이루어 진다.
- 집중효와 인·허가 의제는 반드시 법적 근거가 있어야 한다.
- **형량의 해태** : 관계이익을 형량함에 있어서 형량을 전혀 하지 않은 경우
- **형량의 흠결** : 형량을 함에 있어서 반드시 고려하여야 할 이익을 누락시킨 경우
- **오형량** : 형량에 있어 특정사실이나 특정이익에 대한 평가가 정당성과 객관 성을 결한 경우
- **형량조사의 하자** : 조사의무를 이행하지 않은 하자
- **평가의 과오** : 관련된 공익 또는 사익의 가치를 잘못 평가하는 경우

## 제4절  기타 행정작용

### 1. 행정계획

행정계획(行政計劃)이란 행정주체가 장래의 목표를 설정하고, 이에 필요한 수단을 조정하고 통합하는 작용 또는 그 결과로 설정된 활동기준을 말한다. 행정계획은 종래의 권력적 행정작용을 중심으로 하는 고전적 행정법학의 입장에서 볼 때는 전혀 새로운 행정수단이라 할 수 있다. 행정계획은 국가의 적극적인 사회형성 활동, 다양한 행정수요에 효율적으로 대응하는 데 적합한 행정수단으로 많이 활용되고 있다.

행정계획의 유용성에도 불구하고 행정계획의 법적 성질이나 효력에 대해서는 아직도 일의적으로 규정하기가 어렵다. 이는 행정계획에 특유한 법적 형태는 존재하지 않기 때문이다. 따라서 행정계획은 다양한 법적 성질을 가질 수 있다. 외국의 입법례와 같이 입법자가 스스로 행정계획의 법적 형태를 정한 경우에는 문제가 없지만, 그렇지 않은 경우에는 그 법적 성질을 어떻게 파악할 것인가가 중요하다. 왜냐하면 행정계획을 어떻게 보느냐에 따라 권리구제가 달라지기 때문이다.

우리나라에서 주로 논의되는 문제는 국민에 대해 효력을 갖는 구속적 계획이면서 명령적 계획인 도시계획이다. 대법원은 구속적 계획에 대해 이를 행정행위로 보아 처분성을 긍정하고 있다. 대법원은 "도시계획법 제12조 소정의 도시계획결정이 고시되면 도시계획구역 안의 토지나 건물소유자의 토지형질변경, 건축물의 신축·개축 또는 증축 등 권리행사가 일정한 제한을 받게 되는데, 이런 점에서 볼 때 고시된 도시계획결정은 특정개인의 권리 내지 법률상의 이익을 개별적이고 구체적으로 규제하는 효과를 초래하게 하는 행정청의 처분이라 할 것이고, 이는 행정소송의 대상이 되는 것이라 할 것"이라 판시하고 있다.

반면에 대외적으로 구속력이 없는 행정계획에 대하여는 이에 의해 사실상 손해를 입었다 하더라도 이는 행정계획의 직접적인 효과가 아니라 반사적 효과에 지나지 않으므로 행정구제의 여지가 없다.

#### 사례 14 해설

도로기본계획은 도시기본계획에 해당되고 광역시장이 관할구역 안의 도로에 대하여 장기개발의 방향 내지 지침을 정하는 것으로 국민의 권리의무를 개별적 구체적으로 규제하는 효과를 가져오는 것은 아니므로 행정처분이라고 할 수 없다.
도로구역 결정고시는 도시관리계획으로서 행정처분에 해당되므로 구체적이고 개별적인 이해관계를 가지는 주민은 그 처분을 다툴 수 있다.

〈행정지도의 학습포인트〉

- 행정지도는 행정절차법에 규정이 있다.
- 행정지도는 비권력적 사실행위이다.
- 행정지도는 법적 근거가 필요 없다.
  이때의 법적 근거는 수권법적(작용법적) 근거가 필요 없다는 말이며, 조직법적 근거는 필요하다.

## 2. 행정지도

행정지도(行政指導)란 행정기관이 그가 의도하는 행정질서를 실현하기 위해 상대방의 임의적 협력을 기대하여 행하는 비권력적 사실행위를 말한다. 행정절차법은 제2조에서 "행정기관이 그 소관사무범위 안에서 일정한 행정목적을 실현하기 위하여 특정인에게 일정한 행위를 하거나 하지 아니하도록 지도·권고·조언 등을 하는 행정작용"이라 규정하고 있다. 행정지도의 본질은 말 그대로 행정청이 지도하는 것이다. 행정상대방이 이에 따를 것인지 여부는 전적으로 자유이다.

행정지도는 복잡한 현대행정에 부응하는 적절한 수단이다. 즉, 법적인 행정행위 이전에 상대방의 임의적 협력을 구하는 수단을 취함으로써 분쟁을 사전에 회피할 수 있고, 다양한 기술과 정보를 제공하는 장점이 있다. 그러나 행정지도는 책임소재가 불명확하고, 국민이 불가피하게 받아들이지 않으면 안되는 강압적 수단을 배경으로 하여 국가의 행정목적을 달성하는 탈법적 수단이 되기도 하는 문제점이 있다.

행정지도는 상대방의 임의적 협력을 기대하며 행하는 사실행위이지만, 이에 대해서도 최소한 조직법적 근거가 필요하다. 즉, 행정지도라 하더라도 해당 행정청의 소관사무범위 안에 있어야 하기 때문이다. 그러나 행정지도 중에는 임의적 협조의 정도를 넘어서는 규제적·조정적 성질을 가지는 것이 있다. 이 경우에는 작용법적 근거가 필요하다.

행정지도는 상대방의 임의적 협력을 구하는 것이지만, 그 실태를 보면 행정지도라는 명목으로 법이 무시되거나 법령의 규정을 위반하는 행정지도가 행해지는 경우가 적지 않다. 이 때문에 행정지도에 대해 법적으로 규제할 필요가 생겨났다. 1996년에 입법된 행정절차법은 행정지도에 대한 일반원칙을 규정하고 있다. 이를 요약하면 ① 행정지도는 그 목적달성에 필요한 최소한도에 그쳐야 하며, 행정지도에 있어서 상대방의 의사에 반하여 부당하게 강요하여서는 아니된다. ② 행정기관은 행정지도의 상대방이 행정지도에 따르지 아니하였다는 것을 이유로 불이익한 조치를 취하여서는 아니된다. ③ 행정지도의 방식으로 행정지도를 행하는 자는 그 상대방에게 해당 행정지도의 취지·내용 및 신분을 밝혀야 한다고 하여 실명제 원칙을 도입하고 있다. 나아가 행정지도에 대해서 서면의 교부를 요구하는 때에는 이를 교부하도록 하고 있다. ④ 행정지도의 상대방은 해당 행정지도의 방식·내용 등에 관하여 행정기관에 의견을 제출할 수 있다. ⑤ 다수인을 대상으로 하는 행정지도에 있어서는 행정기관은 행정지도에 공통적인 내용이 되는 사항을 공표하도록 하고 있다.

행정지도는 그 성격이 사실행위이므로 원칙적으로 이에 대한 권리구제는 허용되지 않는다. 또한 국가배상청구나 손실보상청구도 가능하지 않다.

〈공법상 계약의 학습포인트〉

- 공법상 계약은 프랑스에서 유래한 개념이다.
- 공법상 계약에도 법률우위가 적용된다.
  법률유보가 적용되는지에 대해서는 학설 대립이 있다.
- 공법상 계약을 다투는 소송은 당사자소송이다.
- 공법상 계약은 부합계약의 특성이 있다.

사례 15

서울특별시 무용단원인 갑은 계약직으로 근무 중 급량비를 횡령하였다는 이유로 해촉되었다. 갑은 위 사실이 없고 해촉이 부당하다며 다투고자 한다. 갑은 어떤 구제절차를 취하여야 하는가?

베토벤 바이러스, 2008 난청으로 시립악단 단원 이지아가
해고 통보를 듣는 장면

## 3. 공법상 계약

공법상 계약이란 공법적 효과의 발생을 목적으로 하는 복수당사자 사이의 계약으로 이루어지는 공법행위이다. 공법상 계약은 공법적 효과의 발생을 목적으로 하는 점에서 사법상 계약과 구별된다. 공법상 계약은 사법상 계약과 다른 성질을 가지기 때문에 사법계약과 완전히 동일하게는 취급할 수 없다. 이것이 일종의 공법상 계약의 특수성이다. 이 특수성을 보면 공법상 계약은 부합계약의 형식을 취하는 경우가 많고, 또한 계약이 강제되는 경우가 적지 않다. 계약의 해지에 있어서도 사법상의 원리가 수정·제한되는 경우가 많고, 중대한 공익상의 필요가

있는 경우에는 행정주체에 의한 일방적인 계약내용의 변경·해지권을 인정해야
하는 경우도 있다.

일반적으로 계약은 대등한 관계에서 체결되는 것이기 때문에 행정주체의 우월
성을 전제로 하는 행정법관계에서 계약이 성립할 수 있는지에 대해서는 논란이
있을 수 있다. 공법상 계약의 성립을 부인하는 견해는 국가의사는 우월하며, 공
법상 계약을 인정하는 법규가 없고, 계약평등원칙에 배치된다는 점을 이유로 하
고 있다. 반면에 공법상 계약의 성립가능성을 긍정하는 견해는 공법상 계약의 근
거를 실정법규에서 구하거나 실제적인 필요성에서 구하고 있다. 그러므로 법규
에 직·간접으로 이를 인정하는 규정이 있는 경우는 물론, 법규에 이를 특히 금
지하는 규정이 없는 경우에는 법령에 위배되지 않는 범위 내에서 특정한 행정목
적의 실현을 위해 당사자간의 합의에 의한 공법상 법률관계의 성립이 인정되어
야 한다는 것이다. 행정작용에 있어서 공권력 발동에 의하는 것보다는 당사자간
의 합의에 의하는 방법의 유용성이 증가하고 있는 것을 볼 때 공법상 계약을 인
정하는 것이 바람직하다.

그 성립가능성을 인정하는 경우에도 그 체결에는 법률상 근거가 있어야 할 것
인가와 같은 문제가 있다. 이것은 법치행정의 원리상 공법상 계약에도 법률의 근
거가 필요하냐 하는 것이다. 학설을 보면 법률의 근거를 요한다는 견해도 존재하
지만, 특별한 법적 근거가 없이도 가능하다고 보는 견해가 많다. 공법상 계약의
성립은 당사자의 의사합치에 의하는 것이고, 그 효력발생은 계약 자체가 새로운
법정립의 근원으로서 작용하는 것이므로 명시적인 법적 근거없이도 성립할 수
있다고 보아야 할 것이다. 또 공법상 계약은 공법적 성격으로 인해 많은 규제를
받게 되므로, 법적 근거를 요하지 않더라도 그 내용이 무제약적이지는 않기 때문
이다. 그러나 실무적으로는 대부분의 공법상 계약이 실정법상의 근거를 가지므
로 논쟁의 실익은 없다.

사례 15 해설

**공법상 계약으로 본 사례**
서울특별시립무용단 단원의 위촉의 법적 성질은 공법상 계약이고 소송은 당사
자소송이다. 서울특별시립무용단원의 공연 등 활동은 지방문화 및 예술을 진
흥시키고자 하는 서울특별시의 공공적 업무수행의 일환으로 이루어진다고 해
석될 뿐 아니라, 단원으로 위촉되기 의하여는 일정한 능력요건과 자격요건을
요하고, 계속적인 재위촉이 사실상 보장되며, 공무원연금법에 따른 연금을 지
급받고, 단원의 복무규율이 정해져 있으며, 정년제가 인정되고, 일정한 해촉사
우가 있는 경우에만 해촉되는 등 서울특별시립무용단원이 가지는 지위가 공무
원과 유사한 것이라면, 서울특별시립무용단 단원의 위촉은 공법상의 계약이라
고 할 것이고, 따라서 그 단원의 해촉에 대하여는 공법상의 당사자소송으로
그 무효확인을 청구할 수 있다(대판 1995.12.22. 95누4636).

# 찾아보기

# 저 자 소 개

| | | |
|---|---|---|
| 헌법 | 손형섭 | 경성대학교 법학과 교수 |
| 민법 | 이우석 | 경성대학교 법학과 교수 |
| 형법 | 심재무 | 경성대학교 법학과 교수 |
| 상법 | 박은경 | 경성대학교 법학과 교수 |
| 행정법 | 강석점 | 경성대학교 법학과 교수 |

처음 법을 공부하는 법학도와 예비 로스쿨 학생을 위한
미디어를 통해서 배우는 법학 기초

| | |
|---|---|
| 초판 발행 | 2021년 2월 28일 |
| 지은이 | 손형섭·이우석·심재무·박은경·강석점 |
| 펴낸이 | 안종만·안상준 |
| 기획/마케팅 | 정성혁 |
| 표지디자인 | BEN STORY |
| 제 작 | 고철민·조영환 |
| 펴낸곳 | (주) 박영사 |
| | 서울특별시 금천구 가산디지털2로 53, 210호(가산동, 한라시그마밸리) |
| | 등록 1959. 3. 11. 제300-1959-1호(倫) |
| 전 화 | 02)733-6771 |
| f a x | 02)736-4818 |
| e-mail | pys@pybook.co.kr |
| homepage | www.pybook.co.kr |
| ISBN | 979-11-303-3872-9 93360 |

정 가     10,000원